V&R

Simone Hiller / Johannes Gather / Matthias Gronover / Aggi Kemmler

Technik – Leben – Religion

Materialien für kompetenzorientierten Religionsunterricht in technischen Ausbildungsgängen

in Zusammenarbeit mit Katharina Eckstein und Markus Neff

Vandenhoeck & Ruprecht

Mit 35 Abbildungen und 5 Grafiken

Bibliografische Information der Deutschen Nationalbibliothek

Die Deutsche Nationalbibliothek verzeichnet diese Publikation in der Deutschen Nationalbibliografie; detaillierte bibliografische Daten sind im Internet über http://dnb.d-nb.de abrufbar.

ISBN 978-3-525-77009-2

Weitere Ausgaben und Online-Angebote sind erhältlich unter: www.v-r.de

Umschlagabbildung: © fotolia/Danomyte

Satz: SchwabScantechnik, Göttingen
Druck und Bindung: ⊕ Hubert & Co GmbH & Co. KG, Robert-Bosch-Breite 6, 37079 Göttingen

Gedruckt auf alterungsbeständigem Papier.

Inhalt

Einleitung

Dieser Band ermöglicht den kompetenzorientierten Berufsschulreligionsunterricht (BRU)[1] mithilfe von Kopiervorlagen. Kompetenzorientierung und Kopiervorlagen können als Widerspruch wahrgenommen werden: Kompetenzorientierung, die von lebensrelevanten Anforderungssituationen[2] aus- und mit Schülerorientierung und individuellem Lernen einhergeht, lässt sich nicht in kopierfähige Materialien standardisieren. Gleichzeitig ist es wenig realistisch, dass Lehrerinnen und Lehrer für alle Situationen, Themen, Klassen und Schülerinnen und Schüler spezifische Materialien erstellen. Dieser Band betritt daher bewusst Neuland, indem er eine Verbindung wagt. Die Module wurden von bzw. gemeinsam mit erfahrenen Lehrpersonen aus dem Bereich gewerblicher Berufsschulen speziell für diesen Band entwickelt und in entsprechenden Klassen erprobt.

Thematisch stehen Situationen aus dem Bereich Technik und Handwerk im Vordergrund, die besonders Schülerinnen und Schüler, die sich auf technische Berufsfelder vorbereiten oder eine gewerbliche Ausbildung absolvieren, ansprechen. Da Technik in verschiedenen Ausprägungen aber unser aller Alltagsleben bestimmt, können die Materialien auch in anderen Bereichen und Schularten gewinnbringend eingesetzt werden. Denn mit der Trias »Technik – Leben – Religion« nehmen sie für den Religionsunterricht ungewohnte Verbindungen in den Blick, die für viele Schülerinnen und Schüler sowie Lehrerinnen und Lehrer bereichernd sein können.

Die Themen der Module werden mit Blick auf den konfessionellen Religionsunterricht im heterogenen Klassenverband durch die Perspektive verschiedener christlicher Konfessionen sowie anderer Religionen ergänzt.

Kompetenzorientierung

Das zugrundeliegende Modell der Kompetenzorientierung wurde am Katholischen Institut für berufsorientierte Religionspädagogik (KIBOR) speziell für den BRU entwickelt.

Die Berücksichtigung konkreter Anwendungssituationen für die angestrebten Kompetenzen ist ein zentrales Spezifikum kompetenzorientierter Didaktik. Eckhard Klieme definiert Kompetenz in seiner Expertise zu den Bildungsstandards unter anderem als »Verbindung zwischen Wissen und Können« sowie als »Befähigung zur Bewältigung von Situationen bzw. von Aufgaben« (Klieme, S. 73). Die Verknüpfung von Wissen und Können dürfe dabei aber nicht auf Situationen »jenseits der Schule« verschoben werden! Bereits beim Wissenserwerb sei die Vielfalt möglicher Anwendungssituationen mitzubedenken (Klieme, S. 79). Der vorliegende Band nimmt deshalb Anwendungssituationen in technischen Ausbildungsberufen sowie technische Anwendungen im Berufs-, Privat- und öffentlichen Leben in den Blick.

Die Anwendungssituation bleibt nicht hypothetisch am Horizont einer möglichen Lebenspraxis verborgen, sondern ist konkreter Ausgangs- und Zielpunkt einer Unterrichtsstunde bzw. -einheit. Anknüpfend an die ebenfalls populäre Kompetenzdefinition von Franz Weinert kann formuliert werden: Die Lernenden sollen die kognitiven Fähigkeiten und Fertigkeiten sowie die motivationalen, volitionalen und sozialen Bereitschaften und Fähigkeiten entwickeln, die ihnen bei der Bewältigung einer konkreten Anforderungssituation dienen.

Anforderungssituationen im Band

Anforderungssituationen sind didaktisch gestaltete (also z. B. in ihrer Komplexität reduzierte oder erweiterte) Handlungssituationen, die einen deutlichen Bezug zum Leben der Lernenden aufweisen. Dieser Bezug kann privat, gesellschaftlich oder – besonders im berufsbildenden Bereich – beruflich sein. Die in der Anforderungssituation gestellte Problematik kann auf der Ebene des Verstehens, existenzieller Grundfragen, Werturteile sowie persönlicher, gesellschaftlicher oder beruflicher Entscheidungen liegen oder mehrere Ebenen umfassen (vgl. Kemmler). Sie sind zwar fiktiv erdacht, funktionieren aber nur, wenn sie von realen Ereignissen und Bedingungen aus der Berufs- oder Alltagswelt der Auszubildenden ausgehen.

Die Module konzentrieren sich jeweils auf ein Thema sowie die Förderung eines Aspektes religiöser Kompetenz (Wahrnehmungs- und Deutungskompetenz, Urteils- und Entscheidungskompetenz, Verständigungskompetenz, Gestaltungskompetenz; vgl. das KIBOR-Kompetenzmodell).

Kompetenzorientiertes Lehren und Lernen im Religionsunterricht verstehen wir aus der berufsorientierten Religionspädagogik heraus nicht als »Verzweckung« schulischer Lernprozesse auf wirtschaftliche Verwertbarkeit hin – sondern als Chance, bei Lernenden handlungs- und ergebnisorientierte hermeneutische Reflexionsprozesse zu alltäglichen Lebenssituationen und ihren Deutungen aus dem Glauben heraus anzuregen. Dabei stellen Auszubildende in technischen Ausbildungsgängen besondere Anforderungen an den Religionsunterricht – denn die Berührungspunkte zwischen »Technik« und »Religion« sind nicht offensichtlich. Der Einfluss technischer Zusammenhänge und Errungenschaften auf den Alltag aller sowie die Bedeutung von Technik in den meisten Berufen ist immens – und birgt wichtige Herausforderungen aus religiöser Perspektive bzw. zentrale Fragen für Gläubige. Diese religiösen Dimensionen in technischen Zusammenhängen gilt es zu entdecken. Sie können im privaten, gesellschaftlichen und beruflichen Lebensbereich relevant sein und zu ihrer Bewältigung ganz verschiedene Kompetenzen voraussetzen.

Die in diesem Band enthaltenen Unterrichtsmaterialien sind in sechs Module gegliedert, die jeweils von einer Anforderungssituation ausgehen. Anschaulich wird es an einem Beispiel aus dem Band: *Maia ist Auszubildende, verdient dadurch etwas Geld und möchte sich nun ihr erstes neues Handy kaufen. Gerade jetzt wird sie im Fernsehen auf die unmenschlichen Konsequenzen des Abbaus der Rohstoffe, ohne die kein Handy funktioniert, aufmerksam. – Maias Kaufentscheidung für einen technischen Alltagsgegenstand wird durch die problematische Rohstoffgewinnung überschattet. Im christlichen Glaubenshorizont spitzt sich der Handykauf auf die Hilfe für die »Geringsten unserer Geschwister« in einer globalisierten Welt zu.* Das Wissen *um die Zusammenhänge der Handyproduktion sowie Jesu Worte »Was ihr für einen meiner geringsten Brüder getan habt, das habt ihr mir getan.« (Mt 25,40) und »Was ihr für einen dieser Geringsten nicht getan habt, das habt ihr auch mir nicht getan.« (Mt 25,45) und das* Können, *eine verantwortbare Entscheidung zu treffen, bilden in diesem Fall religiöse Urteils- und Entscheidungskompetenz.* Auch wenn der Innenraum einer Grabeskirche farblich gestaltet, wenn eine Moschee elektrifiziert, ein Internetauftritt für eine religiöse Gruppe gehostet, ein vernetzter Kühlschrank gekauft oder ein heterogenes Handwerker-Team zum Erfolg geführt werden soll, treffen Technik, Leben und Religion aufeinander und führen zu Herausforderungen, in denen religiöse und interreligiöse Kompetenzen entwickelt werden müssen und eingeübt werden können.

Die Auszubildenden sind in der Regel nicht in der Situation, selbst Entscheidungen zu treffen. Manche Anforderungssituationen sind deshalb so gestaltet, dass ein Chef oder eine Chefin um Rat fragt oder die Auszubildenden um Recherchen bittet. Auch wenn dies im Ausbildungsalltag sicherlich nicht täglich vorkommt, so ist es doch eine Möglichkeit, den Auszubildenden mehr Gestaltungsraum zu geben.

Die Anforderungssituationen sind als Ausgangspunkt zu verstehen, von dem aus die Schülerinnen und Schüler (in Anlehnung an die Vollständige Arbeitshandlung, vgl. Ott sowie Bauer et al.) angeleitet durch ihre Lehrperson selbst herausarbeiten, welches Wissen und Können sie sich erarbeiten und aneignen sollten und möchten. Je nach Kompetenzstand der Lernenden stehen unterschiedliche Aspekte im Vordergrund; je nach Leistungsniveau bedarf es unterschiedlicher Materialien und Hilfestellungen.

Binnendifferenzierung

Die für die »Lösung« der Anforderungssituation passenden Materialien sowie die in den »didaktischen Kommentaren« beschriebenen praxiserprobten Abläufe und Arbeitsaufträge können nur Vorschläge sein; alle Materialien und Arbeitsaufträge sind deshalb als »mögliche« gekennzeichnet. Denn wird kompetenzorientierter Unterricht ernst genommen, orientiert er sich an den gegebenen Voraussetzungen der jeweiligen Lernenden sowie ihrer Lebenswelt. Die eine Lösung für eine Anforderungssituation sowie den Weg dorthin kann es nicht geben, weil eine Klasse mit Schülerinnen und Schülern aus dem kleinen Dorf im flachen Land andere Voraussetzungen mitbringt als die aus der Großstadt, weil angehende Mechatronikerinnen andere berufliche Herausforderungen haben als angehende Installateure und weil Schüler mit Hauptschulabschluss den Abiturientinnen zwar in schulischem Wissen nicht gewachsen sind, dafür aber oft andere Lebenserfahrungen mitbringen. Diese Heterogenität findet sich im gesamten Bildungssystem – und ganz besonders im Religionsunterricht an beruflichen Schulen. Eine Differenzierung ist notwendig und wird hier anhand verschiedener bzw. gestaffelter Aufgabenstellungen vorgeschlagen. Alternativ könnte die Differenzierung auch über differenzierte Materialien oder differenzierte Erwartungshorizonte erfolgen (vgl. Junge-Lampart).

Für jedes Material gibt es mehrere Arbeitsaufträge, aus denen mit Blick auf konkrete Klassen oder Lernende einzelne ausgewählt werden können. Leistungsstarke Schülerinnen und Schüler bearbeiten zusätzliche oder alternative Arbeitsaufträge oder können einzelne Aufträge vertieft beantworten – ebenso können leistungsschwächere Schülerinnen und Schüler niederschwelligere Aufträge erhalten oder auswählen. Die Arbeitsaufträge sind entsprechend verschiedener Schwierigkeitsgrade mit geometrischen Symbolen versehen:

- ◯ Bei weniger Vorkenntnissen und noch gering ausgebildeter Selbständigkeit der Schülerinnen und Schüler kann auf einzelne kleinschrittigere Arbeitsaufträge zurückgegriffen werden.
- △ Andere, weniger vorstrukturierte Arbeitsaufträge ermöglichen in Ansätzen Selbstorganisation und Selbststeuerung des Lernens.
- □ Komplexere und offenere Arbeitsaufträge bieten die Chance, selbstständig und selbstorganisiert die erforderlichen Lernhandlungen zu gestalten.
- ⬡ Einige Arbeitsaufträge werden für alle Lernniveaus vorgeschlagen.

Differenziert werden kann zwischen unterschiedlichen Lerngruppen sowie innerhalb einer Lerngruppe. Bei manchen Materialien kann es sich auch anbieten, Arbeitsaufträge verschiedener Niveaus in einer Lerngruppe aufeinander aufbauend nacheinander zu bearbeiten.

Die Aufträge finden sich im gedruckten Buch außerdem nicht auf den Materialien, sondern im didaktischen Kommentar. Auf den Materialien ist jeweils Platz für Arbeitsaufträge. So können passende Arbeitsaufträge und Formulierungen ausgewählt und hinzugefügt werden, es können eigene Arbeitsaufträge entwickelt und ergänzt werden. Im mitgelieferten E-Book+ stehen alle Arbeitsblätter mit den Arbeitsaufträgen differenziert nach den verschiedenen Niveaus in digitaler Form zur Verfügung. Die Materialien können also flexibel an unterschiedliche Lernvoraussetzungen angepasst werden.

Literatur

Bauer, Hans G./Munz, Claudia/Schrode, Nicolas/Wagner, Jost: Die Vollständige Arbeitshandlung (VAH). Ein erfolgreiches Modell für die kompetenzorientierte Berufsbildung (= Berufliche Handlungskompetenz 3), Berlin 2011

Biesinger, Albert/Gather, Johannes/Gronover, Matthias/Kemmler, Aggi (Hg.): Kompetenzorientierung im Religionsunterricht an berufsbildenden Schulen, Münster/New York 2014

Biesinger, Albert/Kemmler, Aggi/Schmidt, Joachim: Religiöse Kompetenz – ein Definitionsangebot für den Religionsunterricht an beruflichen Schulen, in: Biesinger, Albert/Gather, Johannes/Gronover, Matthias/Kemmler, Aggi (Hg.): Kompetenzorientierung im Religionsunterricht an berufsbildenden Schulen, Münster/New York 2014, S. 19–26

Bundesministerium für Bildung und Forschung: Zur Entwicklung nationaler Bildungsstandards. Eine Expertise (= Bildungsforschung Band 1), Bonn/Berlin 2007 (unveränderter Nachdruck 2009); http://www.bmbf.de/pub/zur_entwicklung_nationaler_bildungsstandards.pdf (Zugriff am 21.05.2015) [= Klieme-Expertise]

Junge-Lampart, Gerhard: Wie lässt sich »individuelle Förderung« organisieren?, unveröffentlichtes Manuskript 2012

Kemmler, Aggi: Bedeutung und Ausgestaltung von Anforderungssituationen im Religionsunterricht an berufsbildenden Schulen, in: Biesinger, Albert/Gather, Johannes/Gronover,Matthias/Kemmler, Aggi (Hg.): Kompetenzorientierung im Religionsunterricht an berufsbildenden Schulen, Münster/New York 2014, S. 35–41

Ott, Bernd: Grundlagen des beruflichen Lernens und Lehrens. Ganzheitliches Lernen in der beruflichen Bildung, 3., überarbeitete und erweiterte Auflage, Berlin 2007

1 Im Folgenden werden die Schulen, die Teil dualer Ausbildung sind, als »Berufsschulen« bezeichnet.

2 Nicht in allen Bundesländern sprechen die Bildungspläne in diesem Sinne von Anforderungssituationen. Was hier als »Anforderungssituation« bezeichnet wird, entspricht in Nordrhein-Westfalen dem »Einstiegsszenario«.

Welche Farben haben Trauer und Abschiednehmen?

Johannes Gather

Die Anforderungssituation

In vielen Städten werden inzwischen Pfarrkirchen in Grabeskirchen umgewidmet, als eine der ersten im Jahre 2006 St. Josef in Aachen: Im Zuge der Schließung als Pfarrkirche gab die Pfarrgemeinde ihrer Kirche eine neue Bestimmung: »Urnenbeisetzungskirche als Zeugnis und Stätte christlichen Glaubens an die Auferstehung der Toten und das Leben der kommenden Welt« (www.grabeskirche-aachen.de – ein lohnender Besuch der Homepage mit Bildergalerie). Der Innenraum wurde zum Teil zweckbestimmt verändert und dennoch blieb seine ursprüngliche Gestalt als Kirchenraum erhalten: Eine Komposition aus »Friedraum«, Gedenkstätte und Gottesdienstraum.

Schülerinnen und Schüler in gestaltungstechnischen Bildungsgängen – z. B. Maler(innen), Lackierer(innen), Werbegestalter(innen) – setzen sich im berufsbezogenen Lernbereich ansatzweise mit dem Symbolwert und der psychologischen Wirkung von Farben auseinander. So enthält beispielsweise das Lernfeld 4 »Oberflächen gestalten« des Rahmenlehrplans für den Ausbildungsberuf Maler(innen) und Lackierer(innen) in NRW die Zielformulierung: »Die Schülerinnen und Schüler planen, entwerfen und fertigen nach Kundenvorgaben Gestaltungsentwürfe und führen diese aus. Sie berücksichtigen Gestaltungsgrundsätze von Farbe und Form sowie den Einfluss der Oberflächenstruktur auf die optische Wirkung [...] und präsentieren die Gestaltungsergebnisse nach handwerklicher und ästhetischer Qualität.« Die Lehrbücher sehen hierfür inhaltliche Akzente wie Licht und Farbe, Farbenlehre, Farbwirkung und -empfindung sowie Farbharmonie vor. Im Religionsunterricht können diese Kenntnisse genutzt werden, indem sie in einen religiösen Kontext gestellt werden und auf das konkrete Thema »Tod und Sterben«, auf Sensibilisierung für Trauersituationen, auf die Farbgestaltung eines kirchlichen Raumes und auf das christliche Verständnis von Tod und Auferstehung angewandt werden. Aufgrund der Produktorientierung und der kreativen Anteile können die Inhalte dieses Moduls in reduzierter Form durchaus auch im Religionsunterricht anderer Bildungsgänge behandelt werden.

In diesem Modul werden besonders die Wahrnehmungs- und Deutungskompetenz geschult. In der Auseinandersetzung mit den Positionen der Mitschülerinnen und Mitschüler werden die Verständigungskompetenz und darüber hinaus durch das Erstellen des Handlungsprodukts und durch mögliche Gestaltungselemente im Unterrichtsverlauf die Gestaltungskompetenz gefördert.

Das Handlungsziel dieses Moduls ist der Entwurf für die Gestaltung einer dreigeteilten Wand der Grabeskirche durch Form und Farbe. Für das Handlungsprodukt werden drei nebeneinander liegende Wandflächen in der Apsis ausgewählt, für die die Schülerinnen und Schüler ein Triptychon entwerfen sollen. Die Bearbeitung der Anforderungssituation setzt eine Übertragung der Kenntnisse über den Symbolwert von Farben auf religiöse Kontexte voraus, verlangt eine empathische Aufmerksamkeit für Trauernde und Trauersituationen. Sie erfordert darüber hinaus eine Verinnerlichung des christlichen Verständnisses von Sterben, Tod und »Danach«.

Übrigens: Tatsächlich hat sich der Träger der Aachener Grabeskirche Gedanken zur Farbgestaltung der Apsis-Wände gemacht und hat sich damals entschieden, die Wände weiß zu streichen. Die Begründung war: Das ist die neutralste Version. Im Weiß ist der Betrachter auf sich selbst zurückgeworfen und nicht durch möglicherweise für ihn nicht stimmige Farb- und Formkompositionen abgelenkt. So sei es eben in Trauersituationen. Die trauernde Person muss das Gefühl von Leere und Ferne aushalten und akzeptieren lernen. Gleichzeitig erhält er im Trauergottesdienst die Zusage, nicht allein gelassen zu werden.

Möglicher Ablauf

Ausgehend von der Anforderungssituation, wie ein Triptychon für die Grabeskirche gestaltet werden könnte, spannen die Materialien einen Bogen über Farben und Symbole, das Finden von Worten sowie den christlichen Umgang mit Sterben, Tod und Abschiednehmen.

Die Materialien M1–M5 können auch in einer anderen Reihenfolge bearbeitet oder teilweise ausgelassen werden. Bei Bearbeitung aller Materialien ist das

Modul auf einen Zeitumfang von ca. 10–12 Unterrichtsstunden angelegt.

Mögliche Materialien

M1 Symbolwert von Farben

Die Erarbeitung knüpft im ersten Schritt an den aus dem Fachkundeunterricht bekannten Begriff »Symbolwert« von Farben an, stellt diesen in Bezug zum religiösen Symbolverständnis und zu kultureller und religiöser Verwendung der verschiedenen Farben. Im anspruchsvollsten Falle können die Schülerinnen und Schüler mithilfe von M1 einen Reader erstellen, der jeder Farbe jeweils exemplarisch verschiedene Symbolwerte erklärend zuordnet. Ein Beispiel eines solchen im Unterricht erarbeiteten Readers findet man auf der Homepage des Katechetischen Instituts des Bistums Aachen unter www.ki-aachen.kibac.de/arbeitsbereiche/ru-an-berufskollegs/ (Zugriff am 21.05.2015).

Für diesen Arbeitsschritt ist eine Kleingruppenarbeit durchaus geeignet.

M2 Welche Farben haben Tod, Trauer, Sterben, Abschiednehmen …?

In einem zweiten Schritt geht es anhand von M2 um eine ganz einfache schematische Zuordnung von möglichen Farben zum Thema. Die Schülerinnen und Schüler sollen wahrnehmen, dass außer Schwarz und Grau durchaus auch noch andere Farben zum Thema passen. Von dem vielfältigen Angebot einer Packung Ölkreide oder Buntstifte lassen sie sich inspirieren und formulieren ihre Farbassoziationen. Dadurch erkennen die Schülerinnen und Schüler: Der Symbolwert einer Farbe ist nicht eindeutig. Jede Farbe kann unterschiedliche Assoziationen wecken, manchmal sogar widersprüchliche. Die folgenden Schülerantworten (tatsächliches Unterrichtsergebnis zu diesem Arbeitsprozess in einer Berufsschule für Maler und Lackierer) machen das deutlich:

Schwarz: *Dunkelheit, Tod, Trauer, Ungewissheit, Sterben, lichtlos, Ende, das Böse, das Nichts.*

Grau: *Einsamkeit, Asche zu Asche, Staub zu Staub, Trauer, Abschiednehmen, ausgelöschtes Leben, Alter, Angst, Vergänglichkeit.*

Blau: *Kälte, Unendlichkeit, Tiefe, Göttlichkeit, Treue, Beständigkeit, Vertrauen, Glaube, Sehnsucht, Träume, Phantasie, Frieden, Freiheit, Ewigkeit.*

Violett: *»Tiefe, Unendlichkeit, Ewigkeit und damit verbunden: Gott, Göttlichkeit, Unfassbares, was das Weltliche übersteigt«, Jenseits, mystisch, Gebet, Melancholie, Einsamkeit, Verbindung von Verstand (blau) und Gefühl (rot), Trauer, geheimnisvoll, innere und geistige Kraft, Meditation.*

Grün: *Hoffnung, Leben, Glück, Auferstehung, Zufriedenheit, Ausgewogenheit, Ausgleich, Natur, Vitalität, Glück, Gift, Krankheit, »Grün ist im Islam die Farbe für Tod und Sterben«.*

Rot: *Liebe, Zusammensein, Schmerz, Blut, Aggressivität, Wut, Feuer, Leidenschaft, Kraft.*

Gelb: *Neid, Missgunst, Geiz, Hass, Verrat, Eifersucht, Falschheit, Sonne, Wärme, Licht, Leben, Freiheit der Seele, Wille, Unsicherheit, Leben nach dem Tod.*

Braun: *Erde, Leben, Arbeit, Fruchtbarkeit, Nahrung, Bodenständigkeit, Älter werden, Vergänglichkeit, Schwere.*

Gold: *Reichtum, ewig, Erleuchtung, das Gute.*

Weiß: *Hell, neutral, Leben, Reinheit, Licht, Engel, Totenhemd, Leichtigkeit, Göttlichkeit, Auferstehung, ewiges Leben, Neubeginn.*

Orange: *Abendsonne, Kerzenlicht, Abschiednehmen, Ruhe, Entspannen, Wärme, Offenheit, Spaß, Neubeginn, Wandel.*

Silber: *Abschied, eine wertvolle Farbe für einen wertvollen Menschen.*

Ein besonderes Augenmerk gilt den Farben Violett und Bordeauxrot. Dass sie Farben von Tod und Trauer sind, wird nicht auf Anhieb erwartet. Sie sind Mischungen aus Blau und Rot, aus Tiefe und Herz, aus Kälte und Liebe, aus Treue und Schmerz, aus Weite und Verbundenheit und es ist demzufolge logisch, dass Violett immer mehr in die Trauerliturgie einbezogen und Bordeauxrot oft bei Begräbnisinstituten zur Dekoration verwandt wird. Und es kann noch etwas festgestellt werden: Der Symbolwert einer Farbe ist kulturabhängig. Menschen aus unterschiedlichen Kulturen und Religionen verbinden mit denselben Farben unterschiedliche Assoziationen (vgl. Riedel).

Den Lernenden sollten für eine Einzelarbeit Farbstifte (Buntstifte, Ölkreide, Wachsmalstifte o. ä.) zur Verfügung stehen, damit sie ihre Erläuterungen den einzelnen sichtbaren Farben und nicht nur dem Wort der Farbe zuschreiben.

M3 Nachklänge aus dem Radio

Für die Bearbeitung der Anforderungssituation ist es notwendig, für die diffusen Gefühle in einer Trauersituation Worte zu finden, analog zu dem Song von Tim Bendzko mit dem Titel *Wenn Worte meine Sprache wären* (2011). In verschiedenen Liedern der Popmusik findet man Worte und Töne auch für Schmerz, Trennung, Abschiednehmen. Sie sprechen von der Sehnsucht, auch von religiöser Sehnsucht. Einen hilfreichen Zugang zu der Gefühlslage in Abschieds-

und Trauersituationen bieten Texte und Textauszüge aus aktuellen Popsongs. So gehören zum Beispiel die Songs *Geboren um zu leben* (2011) von Unheilig und *Time to say goodbye* (1995) von Andrea Bocelli zu den Top Ten der Trauerhits. Die Worte des abgedruckten Textblattes im Modul findet man darüber hinaus z. B. in den Liedern *Zerrissen* (2007) von Juli, *Pflaster* (2009) von Ich&Ich, *Irgendwas bleibt* (2009) von Silbermond oder *Du hast mir schon Fragen gestellt* (1984) von Reinhard Mey. Bildworte in den Songs zeigen Wege auf, wie etwas, das in Bildern (und dazu gehören auch Farben) empfunden wird, in Worte gefasst werden kann. In dieser Arbeitsphase geht es darum, die Kompetenz in Bezug auf die emotionale Intelligenz zu fördern. Sie dient der Förderung der Verständigungskompetenz, indem sie den Schülerinnen und Schülern Möglichkeiten der Versprachlichung von Gefühlen in Trauersituationen eröffnet.

In den Liederfragmenten in M3 wird noch kein Gottesbezug hergestellt, gleichwohl werden hier Fragen und Haltungen angesprochen, die die religiöse Dimension von Sterben, Trauer und Abschiednehmen entdecken lassen (vgl. Gather).

Dieser Arbeitsschritt erfordert zunächst eine Einzelarbeit und kann danach in Gruppenarbeit fortgesetzt werden.

M4 Was bleibt?

Im nächsten Arbeitsschritt des Moduls wird die Perspektive des Christlichen eröffnet.

In M4 versucht die verstorbene Person den Hinterbliebenen Trost zuzusprechen. Sie ermutigt, Trauer zuzulassen und dennoch nicht in ihr zu versinken. Gedanken, die tatsächlich bei einer Trauerfeier verlesen wurden, im Spannungsfeld zwischen der Frage nach dem, was bleibt, einerseits und dem »Who cares? – Wen kümmert's?« andererseits. ☐ Dieser Text kann in höheren Anforderungsbereichen bspw. durch die Auseinandersetzung mit den Psalmen 13 oder 27 ergänzt werden.

M5 Tot und vergessen?

Auch die Gedanken in M5 zu einem in der Trauerbegleitung weit verbreiteten Satz von Kant, der das Leben nach dem Tod auf die Erinnerung reduziert, vertieft die religiöse Dimension des Themas und der Anforderungssituation. In diesem Text kommt erstmals namentlich Gott zur Sprache.

In der Tageszeitung gibt es auf der Seite mit den Todesanzeigen oft Füllbilder für Stellen, die von der Redaktion für Anzeigen freigehalten wurden. Hier findet man oft Collagen aus Spruch und Bild. Der Text zu diesem Bild ist ein Leserbrief an die Redaktion.

M6 In dunklen Zeiten braucht der Mensch …

Die Emmausgeschichte ermöglicht die Auseinandersetzung mit der christlichen Auferstehungsbotschaft. Wie keine andere biblische Geschichte beinhaltet sie die verschiedenen Gefühlslagen von Menschen in einer Trauersituation, ähnlich wie die von Verena Kast beschriebenen Trauerphasen, von tiefer Verzweiflung bis zum Gewinn neuer Hoffnung und der Fähigkeit ins Leben zurückzukehren. Die lukanische Perikope als Paradigma des eigenen Lebens zu erkennen, dazu sollen die Befindlichkeitsaussagen (»Ich-Sätze«), der Emmausgeschichte entlehnt, in M6 dienen.

Alternativ zur Arbeit mit dem vorliegenden Blatt empfiehlt sich ein stärker visualisierter und damit erfahrungsreicherer Weg: Die »Ich-Sätze« werden auf einzelnen Blättern vergrößert nacheinander an der Tafel oder an einer freien Wand für alle sichtbar aufgehängt und dabei vorgelesen. (Alternativ können sie auch bei genügend großer Fläche auf dem Boden ausgelegt werden und den Schülerinnen und Schülern wird Gelegenheit gegeben, durch Umhergehen die einzelnen Sätze wahrzunehmen.)

Die Lernenden können auf diese Weise wahrnehmen, dass es sich um Sätze mit unterschiedlichen Gefühlsbefindlichkeiten handelt.

Die Auszubildenden bearbeiten die Aufgaben 1–3. Im Anschluss wird die Emmausgeschichte (Lk 24,13–35) vorgelesen. Nach einer spontanen Mitteilungsrunde über erste Eindrücke nach dem Hören, bekommen die Schülerinnen und Schüler Gelegenheit, die Bibelperikope selbst nachzulesen und einige der Befindlichkeitsaussagen im Text zu identifizieren.

Gestaltung des Triptychons (Wiederaufnahme von A)

Zurück zur Anforderungssituation: Die Trauerversammlung hat die drei Wände der Apsis in der Aachener Grabeskirche im Blick. Vor ihnen finden säkular gestaltete Abschiedsfeiern, Wortgottesdienste oder auch Eucharistiefeiern statt.

Nach der Auseinandersetzung mit der Symbolsprache von Farben, der emotionalen Verfasstheit von Trauernden und der christlichen Perspektive sind die Schülerinnen und Schüler nun zur kreativen Gestaltung in der Lage. Sie sollen experimentieren, wie sie die drei sichtbaren Wandteile farblich gestalten würden. Sie sollen den drei Wandelementen Farben geben, die Struktur der Dreiteilung wie bei einem Triptychon (Mittel- und Nebentafeln) sowie die Funktion des Raumes berücksichtigen, versuchen sich in die Verfassung von trauernden Angehörigen einzufühlen, gegenständliche Illustration möglichst vermeiden und sich auf möglichst abstrakte Formen beschränken.

Sie verwenden dazu eine selbst erstellte oder vorgefertigte Vorlage (DIN-A3 ist empfehlenswert) mit drei maßstabgetreuen Rahmen für den Entwurf des Triptychons. Sie haben Abtönfarbe, Wassermalfarben, Ölkreide (Buntstifte sind eher nicht geeignet, da sie zu sehr zu filigranem Zeichnen verleiten) und als Handwerksmittel Schwämmchen und Pinsel zur Verfügung. Die religiösen Fragen und die Suche nach Antworten der Religionen im Allgemeinen bzw. des Christentums im Besonderen werden bei den Gestaltungsversuchen mit bedacht, ebenso die Einfühlung in die Situation Trauernder und die Erinnerung bzw. Antizipation eigener Trauergefühle. Die Kompetenz der Selbstwahrnehmung und der Achtsamkeit für die Gefühle anderer wird gefördert.

Weitere didaktische Ergänzungen und Vertiefungen können – falls Zeit zur Verfügung steht – die Farbgestaltung von Sprüchen zum Thema (»Einem Spruch oder Satz Farbe geben«), der Entwurf von Kondolenzkarten in Wort, Form und Farbe oder die Gestaltung eines Werbeflyers bzw. eines Logos für ein Begräbnisinstitut (vgl. dazu auch den Artikel »Trauernde trösten« in Biesinger u.a., S. 49 ff.) sein.

Nach Fertigstellung der Entwürfe werden zunächst einmal alle Ergebnisse von allen Schülerinnen und Schülern gesichtet und wahrgenommen.

M7 Triptychon in der Friedhofskapelle Hagen am Teutoburger Wald

Nach Fertigstellung, gegenseitiger Präsentation, Feedback und Evaluation der Entwürfe können diese verglichen werden mit einem bereits existierenden Triptychon in einer Trauerhalle in Hagen am Teutoburger Wald der Düsseldorfer Künstlerin Cynthia Tokaya (M7). In diesem Bild verbindet die Künstlerin heidnische, mythologische und christliche Himmelsvorstellungen. Die Schülerinnen und Schüler können Unterschiede zu ihren Entwürfen herausarbeiten, sich vergewissern und sprachlich begründen, ob und inwiefern ihre Entwürfe für den Zweck des Ortes aus der Anforderungssituation besser geeignet sind. Das farbige Bild und die Erläuterungen der Künstlerin dazu sind auf ihrer Homepage (www.cynthia-tokaya.de, Zugriff am 21.05.2015) einsehbar und auf der Homepage des Katechetischen Instituts Aachen downloadbar (www.ki-aachen.kibac.de/arbeitsbereiche/ru-an-berufskollegs/, Zugriff am 21.05.2015). Der didaktische Ort dieses Arbeitsschrittes im Modul ist die Abschlussreflexion zum Handlungsprodukt in Konfrontation mit einem vergleichbaren, tatsächlich existierenden Produkt. Die Vorlage in Grauschattierung, die bereits Formen vorgibt, ist auch für eine Klausur bzw. andere Formen der Lernerfolgsüberprüfung geeignet.

Literatur

Biesinger, Albert: Gott in Farben sehen. Die symbolische und religiöse Bedeutung der Farben, München 1995

Gather, Johannes: Religiöse Sehnsucht in Popmusik und Videoclips, in: :in Religion, Aachen, Heft 4/2012

Riedel, Ingrid: Farben. In Religion, Gesellschaft, Kunst und Psychotherapie, Stuttgart 1998

Witt-Loers, Stephanie: Trauernde begleiten – eine Orientierungshilfe, Göttingen 2010

Witt-Loers, Stephanie: Trauernde Jugendliche in der Schule, Göttingen 2012

Mögliche Arbeitsaufträge im Überblick

A ein Triptychon für eine Grabeskirche

- Lesen Sie den Text genau durch und geben Sie das, was Sie verstanden haben, in eigenen Worten wieder.
- Markieren Sie die Ihnen unbekannten Begriffe und lassen Sie sich diese erklären.
- Schauen Sie sich den Grundriss der Kirche genau an. Machen Sie sich vertraut mit der Raumaufteilung in der Kirche. Markieren Sie im Grundriss die Wände, um die es im Auftrag geht.
- Markieren Sie im Grundriss die Perspektive, aus der das Foto gemacht worden ist.
- Benennen Sie die verschiedenen Gegenstände, die Sie auf dem Foto erkennen, und beschreiben Sie ihre Bedeutung.
- Beschreiben Sie den Ablauf von Ihnen bekannten Trauerveranstaltungen bzw. Abschiedsfeiern.
- Beschreiben Sie die unterschiedlichen emotionalen Verfassungen von Menschen, die an einer Abschiedsfeier anlässlich einer Beisetzung teilnehmen.
- Versetzen Sie sich emotional und gedanklich in die Situation der verschiedenen Beteiligten, die von der Ausführung betroffen sind und formulieren Sie in Stichworten deren Anliegen: der Kirchenvorstand als Auftraggeber, der Malerfachbetrieb Brandbusch, Bestattungsinstitute, Gottesdienstleiter(innen), Leiter(in) eines Trauerrituals, Besucher(innen) der Grabstätte eines Angehörigen, Besucher(innen) bei einem Trauergottesdienst, …

- Lesen Sie den Text genau durch und klären Sie die Ihnen unbekannten Begriffe mittels Nachfragen und/oder (Internet-)Recherche.
- Schauen Sie sich Grundriss und Foto an und ordnen Sie die Perspektiven und die Gegenstände aus dem Foto der Grundrissskizze zu.
- Beschreiben Sie Trauer- und Abschiedsrituale, die Sie kennen, und versetzen Sie sich emotional und gedanklich in die Perspektive der verschiedenen dabei beteiligten Personen. Arbeiten Sie diese in differenzierter Betrachtung heraus.
- Was müssen Sie zur Bearbeitung des Auftrags neben den technischen Fragen (z. B. Untergrundbeschaffenheit der Wände) noch klären, kennen, wissen, einschätzen können, …? Notieren Sie diese Klärungspunkte und Fragen.

- Setzen Sie sich mit dem Text und den Abbildungen sorgfältig auseinander und sammeln Sie die Fragen und die zu bedenkenden Aspekte, welche zur Bearbeitung des beschriebenen Auftrags geklärt werden müssen. Entwickeln Sie Ideen, auf welche Weise Sie diese Klärungen vornehmen können.

M 1 Symbolwert von Farben

- Skizzieren Sie das, was Sie bisher über den Symbolwert von Farben gelernt haben bzw. noch in Erinnerung haben.
- Lesen Sie die Informationen zu »Symbol« und geben Sie das, was Sie verstanden haben, in eigenen Worten wieder. Nennen Sie anhand von Beispielen die sichtbare und die unsichtbare Seite eines Symbols.
- Zählen Sie einige religiöse Symbole auf und erläutern Sie deren Bedeutung.
- Identifizieren Sie in Text, Skizze und Foto des Materials A Symbole, die sich in der Grabeskirche befinden.
- Erläutern Sie stichwortartig Symbolwert, Bezug sowie kulturelle und religiöse Verwendung der jeweiligen Farbe. Notieren Sie in die leeren Kästchen der Tabelle stichwortartig Ihre Gedanken, Kenntnisse, Assoziationen, Erinnerungen, …

△

- Geben Sie wieder, was Ihnen zu »Symbolwert von Farben« und »Symbol« bekannt ist und erläutern Sie dies an Beispielen. (vor der Aushändigung des Arbeitsblattes)
- Erläutern Sie anhand von Beispielen religiöse Symbole und deren Bedeutung. Identifizieren und deuten Sie Symbole in Text und Bildern der Anforderungssituation in Material A.
- Arbeiten Sie unterschiedliche Symbolwerte, Bezüge und Verwendungsmöglichkeiten der einzelnen Farben heraus, vergleichen Sie diese und setzen sie zueinander in Beziehung.

□

- Erstellen Sie nach dem Muster der vorliegenden Tabelle einen Reader über den Symbolwert von Farben und deren kulturelle bzw. religiöse Verwendung.

M2 Welche Farben haben Tod, Trauer, Sterben, Abschiednehmen …?

⬡

- Betrachten Sie die gesamte Palette an Farben, die es gibt. Wählen Sie möglichst viele Farben aus, die Ihrer Vorstellung und Ihrem Urteil nach zum Thema Tod, Trauer, Sterben, Abschiednehmen, … passen. Begründen und erläutern Sie Ihre Wahl stichwortartig.

M3 Nachklänge aus dem Radio

- Wählen Sie aus den Wortsplittern, die aus Popsongs stammen, diejenigen aus, die Sie am meisten mit Gefühlen von Trauer verbinden und markieren Sie diese.
- Vergleichen Sie in Kleingruppen Ihre Auswahl mit der von anderen und tauschen Sie sich darüber aus.
- Nennen Sie Ihnen bekannte Popsongs, die für Sie Gefühle von Trauer ausdrücken. Ergänzen Sie Worte oder Satzteile aus Ihren Songs auf dem Blatt.
- Schreiben Sie ein »Elfchen« aus einigen der ausgewählten Wortsplitter. (Ein Elfchen ist ein Gedicht, das folgendermaßen aufgebaut ist: erste Zeile ein Wort - so etwas wie eine Überschrift, zweite Zeile zwei Worte, dritte Zeile drei Worte, vierte Zeile vier Worte, fünfte Zeile wieder ein Wort - der Schlusspunkt unter dem Gedicht.)
- Nennen Sie Farben, die Sie für Ihr Gedicht wählen würden, wenn Sie Ihrem Gedicht Farben geben sollten.

△

- Die Wortfragmente auf diesem Blatt sind Popsongs entnommen. Wählen Sie die Worte aus, die Sie am meisten mit Gefühlen von Trauer verbinden und markieren Sie diese.
- Tauschen Sie sich in der Kleingruppe über die Gründe der Auswahl aus.
- Untersuchen Sie gemeinsam Ihnen bekannte Songs unter der Fragestellung, ob Sie diese für eine Trauerfeier auswählen würden.
- Wenn Sie einen Videoclip zu einem von Ihnen ausgewählten Song drehen müssten, welche Farben und Bilder würde er enthalten? Entwerfen Sie ein paar Drehbuchelemente für einen Clip.

□

- Angeregt durch die Wortfragmente aus Popsongs, die von Menschen für Trauerfeiern ausgewählt wurden, entscheiden Sie, welchen Ihnen bekannten Song Sie für eine Trauerfeier auswählen würden.
- Falls Sie einen kleinen Film oder eine Diashow zu dem ausgewählten Song für eine Trauerfeier entwerfen sollten, welche Farben, Bilder und Symbole würden Sie dafür auswählen? Entwerfen Sie ein paar Drehbuchelemente für diesen Bildbeitrag.

M4 Was bleibt?

- Benennen Sie, aus wessen Perspektive dieser Text geschrieben wurde.
- Markieren Sie im Text die Stellen mit einem »!«, die Sie bejahen, und mit einem »?« jene, mit denen Sie aus dem Gefühl heraus eher Probleme haben.
- Würde es Ihnen gefallen, wenn dieser Text bei einer Trauerfeier verlesen wird? Begründen Sie Ihre Entscheidung.
- Schauen Sie sich das Bild von der Uhr genau an. Beschreiben Sie die Auffälligkeiten. Finden Sie heraus, was »who cares« bedeutet.
- Geben Sie dem Bild einen anderen Titel als »who cares«.
- Vergleichen Sie Text und Bild und formulieren Sie Gemeinsamkeiten und Unterschiede.

△

- Geben Sie Merkmale und Inhalte des Textes in eigenen Worten wieder und erläutern Sie diese.
- Beschreiben und deuten Sie das Bild und setzen sie es in Beziehung zum Text.
- Halten Sie Text und Bild für die Verwendung bei einer Trauerfeier geeignet? Begründen Sie Ihre Entscheidung.

- Interpretieren und vergleichen Sie Text und Bild unter dem Gesichtspunkt, ob bzw. inwiefern Sie sie für die Verwendung bei einer Trauerfeier für geeignet halten oder nicht.

M5 Tot und vergessen?

- Geben Sie wieder, wie Bild und Spruch auf Sie wirken und ob Sie dem zustimmen können.
- Fassen Sie in eigenen Worten zusammen, was der Leser in seiner Stellungnahme schreibt.
- Notieren Sie in Kleingruppen stichwortartig ein paar Ideen für eine Antwort.

△

- Entwerfen Sie in Kleingruppen Ideen für eine Antwort auf den Leserbrief.
- Verfassen Sie Ihren Antwortbrief.

- Setzen Sie sich mit Spruch, Bild und Text auseinander und formulieren sie eine begründete Stellungnahme zum Leserbrief.

M6 In dunklen Zeiten braucht der Mensch …

- Wählen Sie zwei Sätze aus, die eher ein unangenehmes, bedrückendes Gefühl ausdrücken und zwei eher angenehmere, erleichternde. Notieren Sie diese vier Sätze auf einem eigenen Blatt.
- Denken Sie kurz darüber nach, was an diesem Satz Sie berührt und notieren Sie Ihre Gedanken stichwortartig.
- Wenn Sie sich Ihre Notizen nun ansehen: Welche Farben verbinden Sie mit Ihren ausgewählten Sätzen und den Notizen? Notieren Sie diese ebenfalls.
- Ordnen Sie Ihre vier Sätze einer Stelle aus der Emmausgeschichte zu (Lk 24,13–35). Vergleichen Sie Ihre Notizen zu Ihren ausgewählten Sätzen mit dem Zusammenhang im Text. Vergleichen Sie, ob Text und Notizen zusammenpassen. Entdecken Sie Passendes und Unpassendes.
- Abschließend vervollständigen Sie vor dem Hintergrund Ihrer Gedanken zur Emmausgeschichte den Satz der Überschrift: »In dunklen Zeiten braucht der Mensch …«

Gestaltung des Triptychons

- Lesen Sie noch einmal die Anforderungssituation und entwerfen Sie Vorschläge für ein Triptychon.

- Beurteilen Sie in Kleingruppen Ihre Entwürfe aus unterschiedlichen Perspektiven:
  - aus der Sicht des Auftraggebers
  - aus der Sicht eines Bistumsbeauftragten (Vertreter des Bischofs)
  - aus der Sicht eines unbeteiligten Besuchers der Grabeskirche, der sich nur mal so die Kirche ansieht
  - aus der Sicht eines Besuchers der Kirche, der das Grab eines Angehörigen aufsucht
  - aus der Sicht eines Menschen in tiefer Trauer bei einem Trauergottesdienst
  - aus der Sicht eines Leiters oder einer Leiterin einer Verabschiedungsfeier bzw. eines Trauergottesdienstes

- Beurteilen Sie in Kleingruppen Ihre Entwürfe aus unterschiedlichen Perspektiven. Überlegen Sie dabei, wessen Perspektiven es für eine Beurteilung zu bedenken gibt.

- Beurteilen Sie in der Gruppe Ihre Entwürfe aus unterschiedlichen Perspektiven. Überlegen Sie dabei, wessen Perspektiven es für eine Beurteilung zu bedenken gibt. Entscheiden Sie nach Abwägung der Argumente Ihre Favoriten und schreiben Sie eine Empfehlung an den Auftraggeber.

M7 Triptychon in der Friedhofskapelle Hagen am Teutoburger Wald

⬡

- Hier sehen Sie in Grauschattierung das Triptychon einer Künstlerin aus einer Trauerhalle. Das farbige Original befindet sich in der Trauerhalle in Hagen am Teutoburger Wald. Welche Formen erkennen Sie auf dem Bild?
- Gestalten Sie das Triptychon vor dem Hintergrund Ihrer erworbenen Kenntnisse und Fertigkeiten farbig und begründen Sie Ihre Gestaltung.
- Vergleichen Sie die Farbgebung der Künstlerin mit Ihrem Triptychon. Vergleichen Sie die Gründe Ihrer Gestaltung mit den Erklärungen der Künstlerin zu ihrem Bild und erläutern Sie, warum Sie Ihre Gestaltung für den Auftragszweck der Anforderungssituation für passender halten. (Hierzu müssen das Bild und der Text der Künstlerin im Internet herausgesucht werden.)

A Ein Triptychon für eine Grabeskirche

Die Pfarrkirche St. Josef in Aachen wurde 2006 in eine Grabeskirche umgewandelt. Das Hauptschiff (4) ist mit Stelenwänden[1] unterteilt. Dadurch entstehen kleinere Räume in dem großen Hauptraum der Kirche, sogenannte Kapellen. In die Stelen können die Urnen mit der Asche der Verstorbenen eingesetzt werden. Die einzelnen Urnengräber bestehen aus Natursteinquadern. Auf dem Weg vom Haupteingang zum Altarraum (2 bis 7) gibt es einen kleinen Bachlauf, der am Taufbecken (3) endet.

Im vorderen Bereich der Kirche, dem Chorraum mit der halbrunden Apsis[2], stehen Bänke für die Besucherinnen und Besucher einer Verabschiedungsschiedsfeier (Gottesdienst). Im Mittelgang der Bänke befindet sich zwischen der ersten Bankreihe und dem Altar eine ca. ein Meter hohe Stele (7). Hier wird bei der Trauerfeier anlässlich einer Beisetzung die Urne mit der Asche des verstorbenen Menschen abgestellt.

Die Wand der halbrunden Apsis besteht aus fünf weißen Wandflächen in der Größe von ca. 3 × 6 Metern. Die drei mittleren Wandflächen sind aus dem Besucherraum ganz zu sehen.

Der Malerfachbetrieb Brandbusch, bekannt für seine kreativen Gestaltungsentwürfe und Ausführungen, wurde von dem Träger der Grabeskirche, dem Kirchenvorstand der Pfarrgemeinde, beauftragt, eine Farbgestaltung der drei sichtbaren Wände in der Art eines Triptychons zu entwerfen und bei entsprechender Befürwortung durch die Verantwortlichen (Träger und Bauabteilung des Bistums) umzusetzen.

© Johannes Gather

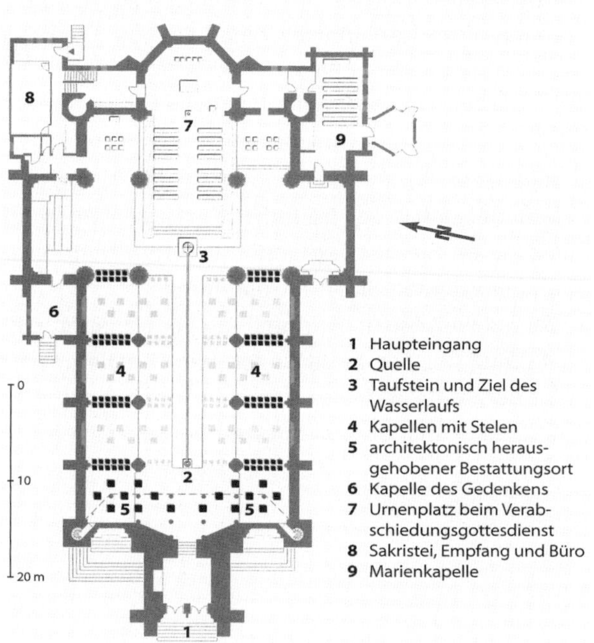

© Architekturbüro Han Helten u. Assoziierte, Aachen

[1] Stele = Pfeiler, Säule.

[2] Apsis = mit einer Halbkuppel umwölbter Raum; in Kirchen häufig Altarraum.

M 1 Symbolwert von Farben

Ein Symbol (griech.: sýmbolon = das Zusammengefügte) versucht mittels Farbe und Form etwas Nichtgegenständlichem (Gedanke, Gefühl, Idee, Glaube, Begriff, …) einen bildhaften Ausdruck zu geben.

Durch Symbole wird die sichtbare Wirklichkeit zum Zeichen für das Unsichtbare.

Oder umgekehrt gesagt: *Durch Symbole wird das Unsichtbare sichtbar gemacht.*

Symbole beziehen sich oft auf Bilder der Natur (z. B. der Baum als Symbol für Leben) und sind vom Kulturraum abhängig, d. h. sie haben teilweise je nach Lebensraum und Kultur unterschiedliche Bedeutungen.

Farbe	Symbolwert (das Unsichtbare)	Bezug (z. B. zur Natur) (das Sichtbare)	kulturelle u. religiöse Verwendung
Gelb			
Orange			
Rot			
Violett			
Blau			
Grün			
Gold			
Weiß			
Grau			
Schwarz			
Rosa			
Braun			

M 2 Welche Farben haben Tod, Trauer, Sterben, Abschiednehmen …?

Farbe	*Erläuterungen dazu*

M 3 Nachklänge aus dem Radio

zerrissen
verletzt
zerfetzt

leer
schwer
kalt

weinen
schreien
merken

ein Loch in meinem Herzen
sich der Wahrheit nicht stellen
den Faden verlieren

leise werden
bleiben
stumm
keine Hoffnung mehr
gefangen in der Dunkelheit
im tiefen Tal

Liebe fehlt
im Dunklen Qual
der Hass tobt

ohne dich zu leben
nicht mehr wissen, was zählt
geboren, um zu leben

ich rufe dich
ich finde dich
lass los, mein Freund

jenseits der Grenzen unsrer Zeit
fernab von Zwietracht, Angst und Leid
und es ist tröstlich, wie ich finde

du bist der Kompass
vielleicht die Gewissheit
in letzter Sekunde

und doch
du bist längst da
du bist da
du bist
du

M4 Was bleibt?

Wenn ich fort bin,
dann gebt mich frei.
Lasst mich gehen.
Es gibt so viele Dinge für mich zu sehn.

Seid dankbar für die schönen Zeiten,
die wir zusammen verbringen durften.
Ich habe euch meine Liebe gegeben
und ihr wisst gar nicht,
wieviel Glück ihr mir beschert habt.

Ich danke euch für die Liebe,
die ihr mir gegeben habt.

Aber es ist jetzt Zeit,
alleine weiterzugehen.
Wenn euch die Trauer hilft, so trauert,
und dann lasst die Trauer dem Glauben weichen.
Wir müssen uns nur eine Weile trennen.

Drum haltet fest
an den Erinnerungen in eurem Herzen.
Ich werde nie weit von euch entfernt sein.
Also, wenn ihr mich braucht, ruft nach mir
und ich werde da sein.
Auch wenn ihr mich nicht berühren oder sehen könnt,
ich bin euch nah.
Und wenn ihr mit eurem Herzen lauscht,
dann werdet ihr meine Nähe
überall fühlen können,
ganz nah und deutlich.

Und wenn es für euch an der Zeit ist,
diese Reise alleine anzutreten,
werde ich euch mit einem Lächeln erwarten
und euch in eurem neuen Zuhause begrüßen.

Quelle unbekannt. Diese Gedanken wurden bei einer Trauerfeier gesprochen. Gefunden in www.festpark.de/t054.html (Zugriff am 21.05.2015).

M 5 Tot und vergessen?

© pixabay/envasa

Ein Leserbrief

Stimmt das, was hier steht? Ich glaube das nicht!

Seit Langem stolpere ich immer wieder über diesen Spruch auf Seiten mit Todesanzeigen in der Tageszeitung. Ja, ich stolpere, stutze und komme ins Grübeln. Auf den ersten Blick hört er sich gut an, der Spruch:

»Wer im Gedächtnis seiner Lieben lebt, ist nicht tot. Er ist nur fern. Tot ist nur, wer vergessen wird.«

Nein! Das glaube ich nicht. Da regt sich Widerspruch in mir.

Ich bin fest davon überzeugt: Auch wer nicht im Gedächtnis seiner Lieben lebt, ist nicht tot.

Die Zusage für ein neues Leben über den Tod hinaus, die Zusage zur Auferweckung aus dem Tod, die Zusage zur Überwindung des Todes, diese Zusage ist nicht abhängig von irgendeinem Erinnerungsgedanken eines noch auf Erden lebenden Angehörigen. Da machen wir uns den erinnernden Menschen zum Gott. Was ist denn mit all den Menschen, die einsam, namenlos, anonym sterben, an die sich niemand erinnert oder erinnern will, die keine »Lieben« haben, in deren Erinnerung sie leben dürfen? Haben die keine Chance?

Nein! Das kann und will ich nicht glauben. Gott misst mit anderen Maßstäben, vielleicht sogar ganz anderen, als uns lieb ist. Wer weiß das schon. Niemand weiß, wie es hinterm Horizont weiter geht.

Ich glaube, bei Gott hat jede und jeder eine Chance – unabhängig von unserer Erinnerung. Insofern stimmt wenigstens ein Teil des Spruchs: »Tot ist nur, wer vergessen wird.« Aber Gott vergisst uns nicht. Gott sei Dank!

M6 In dunklen Zeiten braucht der Mensch …

Ich gehe traurig nach Hause.	Ich mache mich zusammen mit anderen auf den Weg.	Ich esse und trinke zusammen mit anderen.
Ich habe einen Freund verloren.	Es sind schon Tage vergangen und mein Kummer ist immer noch nicht weg.	Die Anwesenheit eines Menschen hilft mir. Ich weiß nicht wieso, aber es ist so.
Jemand, mit dem ich eng vertraut war, ist gestorben.	Ich begreife es nicht.	Ich möchte, dass ein Mensch, der mir in meiner Trauer gut tut, bei mir bleibt.
Ich habe meine Hoffnung verloren.	Jemand drängt mich, endlich zu begreifen, was geschehen ist.	Abends ist es besonders schlimm.
Ich fühle mich im Stich gelassen.	Jemand hilft mir zu begreifen, was Schreckliches geschehen ist.	Mir gehen die Augen auf.
Ich rede mir den Kummer von der Seele.	Jemand unterhält sich mit mir.	Vor lauter Traurigkeit bin ich wie von Blindheit geschlagen.
Jemand hört mir zu.	Ich fühle mich (un-)verstanden.	Mir wird ganz warm ums Herz, wenn mich jemand in meiner Trauer begleitet.
Jemand geht ein Stück des Weges mit mir.	Jemand versucht mich aufzurich-ten und mir Mut zu machen.	Neue Hoffnung tut sich in mir auf.
Meine Zweifel sind so groß, dass ich fast verzweifle.	Jemand tröstet mich und das tut mir gut.	Ich hänge nicht mehr fest in meiner Hoffnungslosigkeit.
Ich falle fast vom Glauben ab nach all dem, was passiert ist.	Jemand versucht mich zu trösten, aber ich kann es nicht nachemp-finden.	Ich kann mich wieder auf einen neuen Weg machen.
Zu Hause ist ein vertrauter Ort. Da kann ich hingehen, wenn ich traurig bin.	Ich kehre wieder zurück ins Leben.	Ich breche mit neuer Hoffnung in mein Leben auf.

M 7 Triptychon in der Friedhofskapelle Hagen am Teutoburger Wald

© Cynthia Tokaya, Himmelstor und Irminsäulen (Cynthia Tokaya)
Triptychon in der Friedhofskapelle Hagen am Teutoburgerwald, 2010/2011, Öl auf Leinwand 240 x 450 cm

Digital vernetzt bis in den Kühlschrank!?

Katharina Eckstein

Die Anforderungssituation

Die Kritik am immer umfangreicheren Datensammeln durch die Geheimdienste und durch Internetkonzerne ist in aller Munde. Dennoch werden weiterhin private Daten bei Google, Facebook und Co freiwillig preisgegeben. Zudem arbeiten Unternehmen am sogenannten »Internet der Dinge«, »an unserer Vernetzung mit dem Kühlschrank oder dem Auto, der Heizung, dem Fernseher«, um »unser Verhalten berechenbar, antizipierbar und damit verwertbar zu machen« (Adam Soboczynski).

Vor diesem Hintergrund greift die Anforderungssituation ein Beispiel aus der Lebenswelt der Schülerinnen und Schüler auf, nämlich die Frage, ob für die erste eigene Wohnung ein Kühlschrank gekauft werden soll, der über WLAN und verschiedene Apps steuerbar ist und die dabei gesammelten Daten online verfügbar hält. Gerade weil es hier um scheinbar eher unkritische Daten geht, kann anhand dieser Anforderungssituation für mögliche Konsequenzen eines unvorsichtigen Umgangs mit den eigenen Daten sensibilisiert werden – die Verwertung der gesammelten Daten durch Unternehmen. Zudem kann reflektiert werden, wie mehr Privatsphäre auch im digital vernetzten Zeitalter möglich ist.

Im Kontext des Religionsunterrichts soll über diese Sensibilisierung hinaus erreicht werden, dass die Schülerinnen und Schüler erkennen, dass das christliche Menschenbild Anhaltspunkte für den Umgang mit privaten digitalen Daten bietet, auch wenn das für sie zunächst nicht offensichtlich ist. Dementsprechend wird vor allem die Wahrnehmungs- und Deutungskompetenz geschult.

Der Mensch braucht besonders im Zuge der zunehmenden Digitalisierung eine Privatsphäre bzw., im Anschluss an Bernhard Pörksen, einen Rückzugsort, an dem er nicht mehr funktionieren, nicht perfekt sein, nicht den Erwartungen und Zuschreibungen anderer gerecht werden muss – einen Ort, an dem er keinem Bild mehr entsprechen muss. Damit steht das Recht auf Privatheit im Kontext des biblischen Bilderverbots. Weil der Mensch als Ebenbild Gottes Anteil am Geheimnis Gottes hat, soll der Mensch »bilderlos existieren« (Christian Link). In diesem Sinne kann und sollte »die Kirche vom Geheimnis reden gegen die totale Transparenz des veröffentlichten Lebens« (Matthias Drobinski). Das Bilderverbot ist auch für das Judentum und den Islam zentral, weshalb sich das Modul gut für religiös gemischte Klassen eignet.

Da sich alle Schülerinnen und Schüler mit der zunehmenden digitalen Vernetzung auseinandersetzen müssen, kann die Anforderungssituation aus dem privaten Bereich in vielen Ausbildungsberufen sowie im Religionsunterricht der Oberstufe eingesetzt werden – auch bzw. gerade, weil sie oft die Meinung vertreten, dass sich ohnehin niemand für ihre Daten interessiere.

Insbesondere richtet sich die Konzeption des Moduls an Schülerinnen und Schüler, die technische Gymnasien besuchen, sowie an Auszubildende informations- und elektrotechnischer Berufe (z. B. Mechatroniker, Mikrotechnologen, Geräte- und Systemtechniker). Fast alle diese Berufe leisten direkt oder indirekt einen »Beitrag« zum Datensammeln, indem sie die dafür notwendigen technischen Voraussetzungen schaffen oder z. B. Geräte vernetzen. In reduzierter Form kann das Modul ebenfalls im Religionsunterricht anderer beruflicher Schularten verwendet werden.

Möglicher Ablauf

Der Aufbau des Moduls folgt dem Dreischritt »Sehen – Urteilen – Handeln«. Von M1 und der Anforderungssituation ausgehend, sollen die Lernenden in einem ersten Schritt mit M2 überlegen, wie problematisch sie unterschiedliche Aspekte der digitalen Vernetzung des Alltags finden und für mögliche Folgen der Preisgabe von Daten sensibilisiert werden. Dafür werden zwei bis drei Unterrichtsstunden benötigt.

In einem zweiten Schritt (M3–M5) wird als mögliches Beurteilungskriterium solcher Folgen erarbeitet, dass und warum der Mensch besonders im digital vernetzten Zeitalter Privatsphäre braucht. Diese Erkenntnis wird in einem dritten Schritt (M6–M8) in einen religiösen Kontext gestellt. Beide Schritte sind für jeweils zwei Unterrichtsstunden konzipiert, können aber auch in jeweils einer Unterrichtsstunde erarbeitet werden, wenn Material und Arbeitsaufträge entsprechend ausgewählt werden.

In einem vierten Schritt (M9) wird überlegt, mit welchen Regeln man im digital vernetzten Zeitalter für mehr Privatsphäre sorgen kann. Abschließend kann in einem fünften Schritt die Anforderungssituation erneut thematisiert werden. Dafür sollte man zusammen mit Schritt vier etwa zwei Unterrichtsstunden veranschlagen.

Mögliche Materialien

M1 Zeig mir deinen Kühlschrank und ich sage dir, wer du bist!?

M1 bereitet die Auseinandersetzung mit der Anforderungssituation vor. Mit den Arbeitsaufträgen zur Anforderungssituation können Vorwissen und Voreinstellungen der Lernenden erhoben werden.

M2 Wie problematisch ist die digitale Vernetzung unseres Alltags?

Die Beispiele von M2 sollen für die zunehmende Nutzung von persönlichen Daten durch Unternehmen sensibilisieren und mögliche Folgen der digitalen Auswertung unseres Alltags aufzeigen. Die Schülerinnen und Schüler bearbeiten M2 zunächst in Einzelarbeit. Zur Differenzierung und abhängig von der zur Verfügung stehenden Zeit kann die Begründung der eigenen Position mündlich oder schriftlich erfolgen.

Danach sollen die Lernenden im Wortsinn einen Standpunkt zu den Beispielen einnehmen, indem sie sich im Klassenraum oder Schulflur entsprechend ihrer Position aufstellen. Je nach Klassensituation können die unterschiedlichen Positionen gleich diskutiert werden oder sollten sich die Schülerinnen und Schüler mit ähnlichen Positionen zunächst im kleinen Kreis über ihre Begründungen verständigen.

Anschließend wird, ausgehend von den diskutierten Beispielen, überlegt, welche Folgen der Kauf eines digital vernetzten Kühlschranks langfristig haben könnte. Welche Informationen könnte man durch die Auswertung der Daten über den Nutzer gewinnen? Wer könnte ein Interesse an diesen Informationen haben und für welche Zwecke nutzen wollen? Diese Fragen können in Einzel-, Partner- oder Gruppenarbeit sowie arbeitsteilig beantwortet werden. Mögliche Antworten:

Beispiel A) *Man bekommt Essen geliefert, wenn der Kühlschrank leer ist. Man bekommt Essen geliefert, ohne dass man es bestellt hat. Man bekommt immer die gleichen Nahrungsmittel geliefert und lernt nichts Neues mehr kennen.*

Beispiel B) *Man isst viele saure Gurken, Schokolade etc. – ist also vielleicht schwanger, hat Liebeskummer, Depressionen etc. Man geht nachts oft zum Kühlschrank – hat also vielleicht Schlafstörungen. Man isst immer wieder ungewöhnlich viel – hat also vielleicht Bulimie.*

Beispiel C) *Man kann auf Grund des Essverhaltens auf den Lebenswandel schließen: Wer isst vorwiegend (kein) Fleisch? Oder nur Bioprodukte? Wer trinkt wann wie viel Bier?*

Beispiel D) *Die Krankenversicherung macht ihren Beitrag vom Essverhalten abhängig oder lehnt Kunden auf Grund ihres Essverhaltens ab oder schickt Kunden zur Gesundheitsvorsorge.*

Beispiel E) *Der Kühlschrank »weiß«, wie es seinem Besitzer geht; vgl. auch Beispiel B.*

Beispiel F) *Man hat keine Kontrolle darüber, was mit den Daten, die der digital vernetze Kühlschrank sammelt, passiert.*

Spätestens zum Abschluss sollte das Beispiel des »intelligenten« Kühlschranks in den Zusammenhang des *Internets der Dinge* gestellt und diese Entwicklung problematisiert werden. Dazu kann folgendes Zitat dienen: Unternehmen arbeiten »an unserer Vernetzung mit dem Kühlschrank oder dem Auto, der Heizung, dem Fernseher – und damit nicht nur an einer massiven quantitativen wie qualitativen Steigerung des Datenaufkommens, sondern auch an der lückenlosen Algorithmisierung unseres Alltags, die darauf abzielt, unser Verhalten berechenbar, antizipierbar und damit verwertbar zu machen« (Adam Soboczynski).

Empfehlenswert zur Ergänzung und Vertiefung des Themas Daten-(Un)Sicherheit ist der 30-minütige Film *Zugriff! Wenn das Netz zum Gegner wird* von Diana Löbl und Peter Onneken, der unter diesem Titel im Internet gefunden oder in der ARD-Mediathek abgerufen werden kann: http://www.daserste.de/information/reportage-dokumentation/dokus/videos/exclusiv-im-ersten-zugriff-wenn-das-netz-zum-gegner-wird-100.html (Zugriff am 22.05.2015). Der Film zeigt im Selbstversuch, welche Erkenntnisse über eine Person und ihr Verhalten gewonnen werden können, wenn man sich Zugriff zu ihren Cloud-Daten verschafft und ihre digitale Identität klaut.

M3 »Jeder hat etwas zu verbergen«

Wie die Beispiele aus M2 zeigen, kann durch die digitale Vernetzung zunehmend Privates öffentlich bzw. für weitere Kreise zugänglich werden. M3 soll verdeutlichen, dass dies eine Problematik von allgemeinmenschlicher Relevanz ist, die insbesondere aber auch dann besteht, wenn unser Verhalten durch das *Internet der Dinge* verwertbar gemacht wird: »Privatheit ist für ein breites Spektrum menschlichen Handelns unabdingbar« (Glenn Greenwald). Nicht alles, was einen Menschen ausmacht, gehört in die Öffentlichkeit. In diesem Sinne hat »jeder etwas zu verbergen«. Das wird in M3 anhand eines Experiments erarbeitet, bei dem die Probanden mit Peilsendern ausgestattet wurden.

Zunächst wird den Lernenden von M3 nur der Text unter der Überschrift »Experiment Peilsender« präsentiert, etwa mittels Beamer oder Visualizer, und diskutiert, warum sie bei einem solchen Experiment (nicht) mitmachen würden. Abhängig von Schulart und zur Verfügung stehender Zeit kann anschließend M3 gelesen, nur der Schluss der Forscher besprochen oder im Lehrer-Schüler-Gespräch erarbeitet werden, dass es wichtig ist, dass jeder Mensch Dinge verbergen kann und in welchem Zusammenhang dies zur Anforderungssituation steht.

Viele Schülerinnen und Schüler haben bei der Erprobung des Moduls die Ansicht vertreten, dass sie ohnehin durch die Geheimdienste überwacht werden und dass es deshalb egal sei, ob sie selbst ihre Daten freiwillig preisgeben oder nicht. Diese Position könnte anhand von M3 explizit besprochen werden.

Weiterführende Impulse zur Diskussion bietet der Roman *Der Circle* von Dave Eggers, der eine Welt beschreibt, in der Privatsphäre als Diebstahl gilt.

M4 Was ich verbergen möchte

Um die Ergebnisse von M3 auf einer persönlichen Ebene zu reflektieren, können die Lernenden auf M4 festhalten, was sie selbst gerne verbergen würden – und warum. Wenn bestimmte wichtige Themen dabei nicht genannt werden, können sie von der Lehrkraft ergänzt und gegebenenfalls diskutiert werden, beispielsweise religiöse und sexuelle Orientierung, Medienkonsum, Essverhalten.

Auf die Frage nach dem »Warum« kann bei der Erarbeitung von M5–M8 Bezug genommen werden. Dies herauszuarbeiten ist auch deshalb wichtig, weil vielen Schülerinnen und Schülern zwar klar ist, dass der Mensch eine Privatsphäre braucht, sie dies aber kaum begründen können.

M5 Rettet die Privatsphäre!

M5 vertieft M3 und M4 dahingehend, dass es explizit formuliert, warum der Mensch eine Privatsphäre bzw. hier allgemeiner formuliert, warum der Mensch Geheimnisse braucht, weil er nämlich einen Rückzugsort benötigt, an dem er nicht funktionieren, nicht perfekt sein, nicht den Erwartungen und Zuschreibungen anderer entsprechen muss. Einen Ort, an dem er nicht beobachtet wird, an dem keine persönlichen Daten gesammelt und ausgewertet werden können.

Der Text von M5 ist zwar kurz, aber für die Schülerinnen und Schüler schwer verständlich, die nicht wissen, was damit gemeint ist, dass der Mensch »funktionieren« muss. Um das zu erarbeiten, reicht auch aus, wenn man sich – unabhängig von M5 – auf folgendes Zitat aus dem Text konzentriert: »Ein Geheimnis erschafft eine zweite Welt, ein Refugium des Unbeobachteten und Unsichtbaren. In diese Welt können wir uns zurückziehen. Hier können wir uns erholen und müssen nicht mehr funktionieren.« (Bernhard Pörksen)

Gut geeignet für einen Gesprächseinstieg ist auch folgendes Zitat: »Geheimnisse geben uns die Möglichkeit, selbst zu bestimmen, welcher Mensch wir für andere Menschen sein wollen. Und welcher eben nicht.« (Sven Stillich und Claudia Wüstenhagen)

M6 »Wo Menschen in Schubladen gesteckt werden, erstarrt das Leben«

Mit M6 soll der Zusammenhang zwischen der Aufforderung »Rettet die Privatsphäre!« und dem Bilderverbot hergestellt werden: Dass der Mensch einen Ort braucht, an dem er nicht den Erwartungen und Zuschreibungen anderer gerecht werden muss (vgl. M5), entspricht der Freiheit »anders sein zu dürfen als alle Bilder und die damit verbundenen Rollenzuweisungen vorschreiben«. Zudem soll gefragt werden, inwiefern die zunehmende Digitalisierung diese Freiheit gefährdet.

Je nach Lerngruppe ist es auch möglich, nur den ersten Absatz von M6 vorzulesen und zu besprechen, wovon die Geschichte handelt. Diese Variante ist auch als Einstieg denkbar. Als Einstieg kann ebenso überlegt werden, was mit der Redewendung »Jemanden in eine Schublade stecken« gemeint ist.

M7 »Mensch sein ist Geheimnis sein«

M7 formuliert die Inhalte von M6 auf einer abstrakteren Ebene und zielt auf die Erkenntnis ab, dass die Kirche »vom Geheimnis reden [kann] gegen die totale Transparenz des veröffentlichten Lebens« (Matthias Drobinski). Das sollte im Lehrer-Schüler-Gespräch erarbeitet werden und setzt Erläuterungen der Lehrkraft zum Bilderverbot und zum Menschen als Bild Gottes voraus.

Als Einstieg oder Anwendungsbeispiel zum »konstruierten Menschen« bietet sich die Geschichte *Wenn Herr K. einen Menschen liebte* von Bertold Brecht an: »Was tun Sie«, wurde Herr K. gefragt, »wenn Sie einen Menschen lieben?« »Ich mache einen Entwurf von ihm«, sagte Herr K., »und sorge, dass er ihm ähnlich wird.« »Wer? Der Entwurf?« »Nein«, sagte Herr K., »Der Mensch.«

Da es den Schülerinnen und Schülern häufig schwer fällt zu verstehen, was mit dieser Geschichte ausgesagt werden soll, kann diese in verteilten Rollen gelesen und/oder in kleinen Gruppen besprochen werden. Zudem können sie Beispiele aus ihrer Lebenswelt suchen, die die Aussage verständlich machen.

Besonders ergiebig war das Gespräch mit den Lernenden über ihre Plakate bzw. Fotos zur Illustration der Aufforderung »Rettet die Privatsphäre!« bzw. »Rettet die Geheimnisse!«. Dabei haben einige selbst in Frage gestellt, ob sich Geheimnisse im digital vernetzen Zeitalter noch »retten« lassen, was gut zu M9 überleitet.

M8 Die Unverfügbarkeit des Menschen

Mit sehr leistungsstarken Schülerinnen und Schülern kann ergänzend zu M6 und M7 gemeinsam M8 erarbeitet werden, um den Zusammenhang von Bilderverbot und Unverfügbarkeit des Menschen genauer zu fassen.

M9 Wehrt Euch! Hans Magnus Enzensbergers Regeln für die digitale Welt

Mit Hilfe der Placemat-Methode sollen die Schülerinnen und Schüler ihre eigenen Regeln für die digitale Welt aufstellen, die insbesondere für mehr Privatsphäre sorgen. Davor oder danach kann M9 bzw. können einige der Regeln für die digitale Welt von Hans Magnus Enzensberger diskutiert werden. Bezüglich der eigenen Regeln für die digitale Welt sollte differenziert werden, ob es sich um Regeln für den privaten Nutzer oder um Regeln für Google, Facebook und Co handelt bzw. ob es um Regeln geht, die politisch durchgesetzt werden müssen.

Rückkehr zur Anforderungssituation

Abschließend kann die Anforderungssituation wieder aufgegriffen werden. Ergebnisse der Arbeitsaufträge können als Lernerfolgskontrolle bewertet werden.

Literatur

Drobinski, Matthias: Die Sprachunfähigen, in: Süddeutsche Zeitung, 10.03.2014, S. 4

Greenwald, Glenn: Jeder hat etwas zu verbergen, in: Die Zeit, 15.05.2014, S. 5, www.zeit.de/2014/21/glenn-greenwald-vorabdruck [Zugriff am 22.05.2015]

Link, Christian: Menschenbild – Theologische Grundlegung aus evangelischer Sicht, in: Kraus, Wolfgang (Hg.): Bioethik und Menschenbild bei Juden und Christen. Bewährungsfeld Anthropologie, Neukirchen-Vluyn 1999, S. 57–71

Pörksen, Bernhard: Rettet die Geheimnisse!, in: Chrismon 05/2014, S. 40f, www.chrismon.evangelisch.de/artikel/2014/rettet-die-geheimnisse-21298?page=all [Zugriff am 22.05.2015]

Soboczynski, Adam: Rechtlos? Aber sicher!, in: Die Zeit, 08.05.2014, S. 43f, www.zeit.de/2014/20/nsa-google-ueberwachung [Zugriff am 22.05.2015]

Stillich, Sven, Wüstenhagen, Claudia: »Was Du nicht weißt …«, www.zeit.de/zeit-wissen/2013/06/geheimnisse/komplettansicht [Zugriff am 22.05.2015]

Sölle, Dorothee: Du sollst Dir kein Bildnis machen, in: Dies.: Die Wahrheit ist konkret, Olten 1967, S. 95–102

Mögliche Arbeitsaufträge im Überblick

A Digital vernetzt bis in den Kühlschrank!?

- Für welches Kühlschrank-Modell würden Sie sich spontan entscheiden?
- Nennen Sie mindestens zwei Gründe für Ihre Entscheidung.
- Beschreiben Sie, was möglicherweise gegen Ihre Entscheidung spricht.
- Bevor Jonas sich für oder gegen den Kühlschrankkauf entscheidet, will er sich grundlegend darüber informieren, welche Konsequenzen die Preisgabe von Daten gegenüber Unternehmen haben kann. Welche Fragen könnte er sich stellen? Welche Informationen müsste er sich beschaffen?
- Erklären Sie, welche religiösen Überzeugungen bei der Entscheidung eine Rolle spielen könnten.

M1 Zeig mir deinen Kühlschrank und ich sage dir, wer du bist!?

- Beschreiben Sie, welche Ernährungsgewohnheiten Sie bei dem Kühlschrankbesitzer bzw. der Kühlschrankbesitzerin vermuten.
- Erläutern Sie, welche Rückschlüsse die Ernährungsgewohnheiten auf die Persönlichkeit des Kühlschrankbesitzers bzw. der Kühlschrankbesitzerin zulassen.
- »Zeig mir deinen Kühlschrank und ich sage dir, wer du bist!« - Stimmt diese Aussage?
- Wen würden Sie einen Blick in Ihren Kühlschrank werfen lassen - und wen eher nicht?

M2 Wie problematisch ist die digitale Vernetzung unseres Alltags?

- Kreuzen Sie auf dem Strahl zwischen 1 und 10 an, wie problematisch Sie den Umgang mit digitalen Daten in den Beispielen jeweils finden. Die 1 steht für völlig unproblematisch, die 10 für extrem problematisch. Begründen Sie Ihre Einschätzung.
- Finden Sie weitere Beispiele, die die zunehmende digitale Vernetzung unseres Alltags deutlich machen.
- Diskutieren Sie, wie viel Macht große Internetkonzerne wie Google, Facebook, Amazon und Twitter über unser Leben haben.

Anwendung von M2 auf den digital vernetzten Kühlschrank

- Nennen Sie ausgehend von den Beispielen in M2 Vor- und Nachteile eines digital vernetzten Kühlschranks. Beschreiben Sie, welches Interesse Unternehmen, Krankenkassen und Arbeitgeber an den Daten eines digital vernetzen Kühlschranks haben könnten.

- Beschreiben Sie ausgehend von den Beispielen in M2, welche Informationen man durch die Auswertung der Daten eines digital vernetzten Kühlschranks über dessen Nutzer bzw. dessen Nutzerin gewinnen könnte. Wer könnte Interesse an diesen Informationen haben? Für welche Zwecke könnte man sie nutzen?

□

- Erläutern Sie ausgehend von den Beispielen in M2, welche Folgen der Kauf eines digital vernetzten Kühlschranks langfristig haben könnte.

M3 »Jeder hat etwas zu verbergen«

- Markieren Sie die Hauptaussagen des Textes farbig.
- Erläutern Sie, warum der Autor des Textes vermutlich keinen digital vernetzten Kühlschrank kaufen würde.

- Fassen Sie die Hauptaussagen des Textes zusammen.
- Erläutern Sie, ob der Autor des Textes einen digital vernetzten Kühlschrank kaufen würde.

- Erläutern Sie, was mit der Überschrift des Textes gemeint ist.
- Entwerfen Sie für die Bedienungsanleitung des digital vernetzten Kühlschranks einen Hinweis, der auf mögliche Konsequenzen der Vernetzung aufmerksam macht.

M4 Was ich verbergen möchte

- Schreiben Sie in die Handfläche, welche persönlichen Themen Sie nur ausgewählten Menschen anvertrauen (ins Ohr flüstern). Vervollständigen Sie den Kopf des Sprechers/der Sprecherin und schreiben Sie hinein, warum die von Ihnen genannten Themen die Öffentlichkeit nichts angehen.

M5 Rettet die Privatsphäre!

- Erläutern Sie, was damit gemeint ist, dass der Mensch dort, wo er nicht beobachtet wird, nicht mehr funktionieren muss.
- Sammeln Sie Beispiele für Situationen, in denen der Mensch vor allem funktionieren muss und sammeln Sie Beispiele für Situationen, in denen der Mensch nicht mehr in der Lage ist zu funktionieren.
- Erläutern Sie, warum der Mensch Privatsphäre bzw., allgemeiner formuliert, Geheimnisse braucht.
- Begründen Sie, warum es problematisch ist, dass Internetkonzerne immer tiefer in die Privatsphäre der Menschen eindringen.

M6 »Wo Menschen in Schubladen gesteckt werden, erstarrt das Leben«

- Nennen Sie Beispiele aus Ihrem Alltag, wo Menschen in Schubladen gesteckt werden.
- Beschreiben Sie, welche Nachteile mit Schubladendenken verbunden sind.
- Erläutern Sie, am Beispiel des »intelligenten Kühlschranks«, wie durch zunehmende Digitalisierung die Gefahr besteht, dass Menschen in Schubladen gesteckt werden.

- Erläutern Sie, warum Bilder Macht haben.
- Erläutern Sie, welche positiven Wirkungen für den Autor mit dem biblischen Gebot »Du sollst Dir kein Bildnis machen« verbunden sind.
- Erläutern Sie am Beispiel des »intelligenten Kühlschranks« sowie anderen Beispielen, wie durch die zunehmende Digitalisierung die Gefahr besteht, dass Menschen in Schubladen gesteckt werden.

- Erläutern Sie das folgende Zitat: »Wer immer sich ein Bild vom Anderen macht und ihn in seine Schublade steckt, der leugnet das Fremde, Unerwartete, Nochnichterschienene im Anderen.« (Dorothee Sölle)
- Setzen Sie den Text in Beziehung zu dem Text »Rettet die Privatsphäre!« (M5).

M7 »Mensch sein ist Geheimnis sein«

⬡

- Erläutern Sie, warum das Gebot, sich von Gott kein Bild zu machen, auch für den Menschen gilt.
- Erläutern Sie die Aussage, dass »im Geheimnis das stärkste Argument gegen den konstruierten Menschen« liegt.
- Erläutern Sie mit Hilfe des Textes und unter Rückgriff auf M6 folgendes Zitat: Die Kirche (hier verstanden als Glaubensgemeinschaft der Christen) kann »vom Geheimnis reden gegen die totale Transparenz des veröffentlichten Lebens« (Matthias Drobinski).
- Entwerfen Sie ein Plakat bzw. inszenieren Sie ein Foto, das die Aufforderung »Rettet die Privatsphäre!« bzw. »Rettet die Geheimnisse!« anschaulich macht.

M8 Die Unverfügbarkeit des Menschen

⬡

- Geben Sie die Hauptaussage des Textes in eigenen Worten wieder.

M9 Wehrt Euch! Hans Magnus Enzensbergers Regeln für die digitale Welt

○

- Formulieren Sie die für Sie wichtigste Regel in einem Satz.

△

- Erläutern Sie das Anliegen von Enzensberger, das hinter seinen Thesen steckt.
- Nehmen Sie Stellung zu den Regeln von Enzensberger für die digitale Welt.

□

- Entwerfen Sie einen Brief an Enzensberger, in dem Sie sich kritisch mit seinen Regeln auseinander setzen.

Rückkehr zur Anforderungssituation

○

- Entwerfen Sie für die Bedienungsanleitung des digital vernetzten Kühlschranks einen Sicherheitshinweis, der auf die Gefahren für die Privatsphäre aufmerksam macht. Gestalten Sie diesen Hinweis so, dass man ihn auf jeden Fall liest - auch wenn man die AGBs sonst nicht beachtet.

△

- Ein Freund/eine Freundin erzählt Ihnen begeistert davon, dass er/sie sich einen digital vernetzten Kühlschrank kaufen möchte. Schreiben bzw. spielen Sie einen Dialog mit verteilten Rollen, in dem Sie mögliche Pro- und Contra-Argumente diskutieren.
- Sie haben in einem Fachportal im Internet einen Artikel über einen digital vernetzten Kühlschrank gelesen, der einseitig dessen Vorteile hervorhebt. Schreiben Sie einen kritischen Kommentar dazu.

□

- Hans Magnus Enzensberger fordert einen totalen Boykott von Gebrauchsgegenständen, die über das Internet vernetzt werden - er nennt als Beispiel auch den Kühlschrank. Begründen Sie, warum auch die christlichen Kirchen einen solchen Boykottaufruf unterstützen könnten.

A Digital vernetzt bis in den Kühlschrank!?

© Katharina Eckstein

Jonas hat den Mietvertrag für seine erste eigene Wohnung unterschrieben und muss sich einen Kühlschrank kaufen. Er hat die Wahl zwischen einem klassischen Gerät, das einfach kühlt, und einem digital vernetzten »intelligenten« Kühlschrank.

Dieser digital vernetze »intelligente« Kühlschrank ist über WLAN und verschiedene Apps steuerbar. Über einen Barcode-Scanner könnten die aufbewahrten und entnommenen Lebensmittel erfasst werden. Auch deren Haltbarkeitsdaten könnten elektronisch verwaltet werden. Die Daten wären dann online und für Apps verfügbar, beispielsweise für elektronische Einkaufszettel. Ein solcher digital vernetzter Kühlschrank wäre für Jonas immer noch im preislichen Rahmen.

M 1 Zeig mir deinen Kühlschrank, und ich sage dir, wer du bist!?

© Katharina Eckstein

M 2 Wie problematisch ist die digitale Vernetzung unseres Alltags?

Immer häufiger hinterlassen wir in unserem Alltag unsere Daten, ob wir wollen oder nicht. Oft merken wir das nicht einmal. Auf jeden Fall hat das Konsequenzen. Die Unternehmen werten die Daten aus und machen sich diese zunutze. Die folgenden Beispiele sind bereits Realität oder könnten dies in Zukunft werden.

A) Amazon schickt Ihnen Produkte, die Sie zwar nicht bestellt haben, aber auf Grund Ihrer bisherigen Bestellungen und Suchanfragen sehr wahrscheinlich haben wollen.

1  10

B) Eine Supermarktkette schickt Ihrer Familie Gutscheine für Schwangerschaftsprodukte, weil sich das Kaufverhalten Ihrer Schwester (16–18 Jahre alt) in einer für Schwangere typischen Art geändert hat. Die Familie weiß noch nichts von der Schwangerschaft.

1 → 10

C) Wissenschaftler können anhand Ihrer Facebook-Likes relativ genau vorhersagen, welche sexuelle Orientierung, welche religiösen und politischen Ansichten Sie haben. Sie erkennen sogar, ob Sie ein Scheidungskind sind.

1 → 10

D) Ihre Krankenversicherung wertet die Daten von einem Schrittzähler aus, den Sie tragen. Davon hängt ab, wie hoch Ihr Krankenversicherungsbeitrag ist.

1 → 10

E) Ihr Smartphone weiß nach Ihrem Aufwachen, wie es Ihnen geht. Denn es ist mit Bewegungssensoren ausgestattet, die beobachten, wie oft Sie sich in der Nacht bewegt haben. Es registriert, wie schnell und koordiniert Sie den Handywecker ausschalten. Die Kamera erfasst außerdem Ihr Gesicht und beobachtet, wie Ihre Augen über das Display wandern. Der Touchscreen spürt, wie schnell Sie über ihn hinwegwischen. Verglichen mit den Daten der vergangenen Monate scheint klar: Sie haben gestern Abend ziemlich viel getrunken und danach schlecht geschlafen.

1 → 10

F) Die Wirtschaftsauskunftei Schufa greift auf Facebook- und Twitter-Profile zu, um besser beurteilen zu können, wie kreditwürdig jemand ist.

1 → 10

Informationsgrundlage für die Beispiele:

A und B) Boie, Johannes: Kontinent der Zahlen, in: Süddeutsche Zeitung, 19./20.07.2014, S. 11.

C) Behrens, Christoph: Kernschmelze der Privatsphäre, in Süddeutsche Zeitung, 13.03.2014, S. 10.

D) Fromme, Herbert: Der maßgeschneiderte Mensch, in: Süddeutsche Zeitung, 05./06.07.2014, S. 28 f.

E) Kai Biermann/Polke-Majewski, Karsten: Der Spion in der Tasche, www.zeit.de/digital/mobil/2014-05/handy-smartphone-sensor-datenschutz-ueberwachung/komplettansicht, veröffentlicht am 24.05.2014 [Zugriff am 22.05.2015].

F) Kotynek, Martin/Levine, Robert: Das Recht auf Vergessen, in: Die Zeit, 02.10.2013, S. 15.

M 3 »Jeder hat etwas zu verbergen«

Experiment Peilsender

Bei einem Experiment in Großbritannien statteten die Forscher die Teilnehmer mit Peilsendern aus, mit denen sie ihre Angehörigen kontrollieren konnten. Damit ließ sich zu jeder Zeit der Aufenthaltsort jedes Angehörigen feststellen, wobei dieser Angehörige, wenn er angepeilt worden war, eine Botschaft erhielt. Außerdem wurde ihm ein Fragenkatalog geschickt, und er musste Auskunft darüber geben, warum er an dem betreffenden Ort war. Dann wurde ihm mitgeteilt, ob seine Antwort den Erwartungen der Angehörigen entsprach.

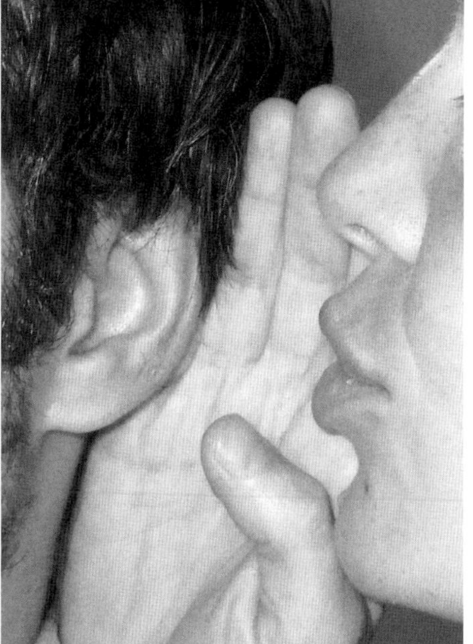

© Katharina Eckstein

Ergebnisse der Wissenschaftler

Beim Nachgespräch sagten die Teilnehmer, sie hätten es zwar manchmal als beruhigend empfunden, auffindbar zu sein, aber auch befürchtet, ihre Familienangehörigen könnten voreilige Schlüsse über ihr Verhalten ziehen, wenn sie sich an einem unerwarteten Ort aufhielten. Und die Option, sich »unsichtbar zu machen« – indem sie die Funktion deaktivierten –, löste diese Angst nicht: Viele Probanden meinten, allein dieses Ausschalten der Überwachung könnte Verdacht erregen. Die Forscher kamen zu folgendem Schluss: »Im Lauf unseres Alltagslebens folgen wir gelegentlich Wegen, die wir nicht erklären können und die vielleicht völlig unbedeutend sind, ihr Auftauchen in einem Aufspürgerät jedoch [...] verleiht ihnen Bedeutung und verlangt scheinbar nach Rechenschaft in einem außerordentlich hohen Maß. Das erzeugt Ängste, insbesondere in engen Beziehungen, wo man einen großen Druck verspürt, Dinge zu erklären, die man einfach nicht erklären kann.«

Die Untersuchung zeigte, dass Menschen alle möglichen Dinge vor der Öffentlichkeit verbergen möchten, auch wenn sie überhaupt nichts »Schlimmes« tun. Privatheit ist für ein breites Spektrum menschlichen Handelns unabdingbar. Wenn jemand eine Hotline für Suizidgefährdete anruft, eine Abtreibungsklinik aufsucht oder wenn jemand immer wieder eine pornografische Website aufruft, oder wenn ein Whistleblower einen Journalisten kontaktiert – in all diesen Fällen gibt es vielfältige Gründe, solches Handeln geheim zu halten, obwohl es keineswegs illegal ist.

Kurz gesagt, jeder hat etwas zu verbergen.

Greenwald, Glenn: Jeder hat etwas zu verbergen, in: Die Zeit, 15.05.2014, S. 5, leicht verändert; www.zeit.de/2014/21/glenn-greenwald-vorabdruck [Zugriff am 22.05.2015] Auszug. Vorabdruck von: Glenn Greenwald: Die globale Überwachung. Der Fall Snowden, die amerikanischen Geheimdienste und die Folgen, Droemer, München 2014.

M4 Was ich verbergen möchte

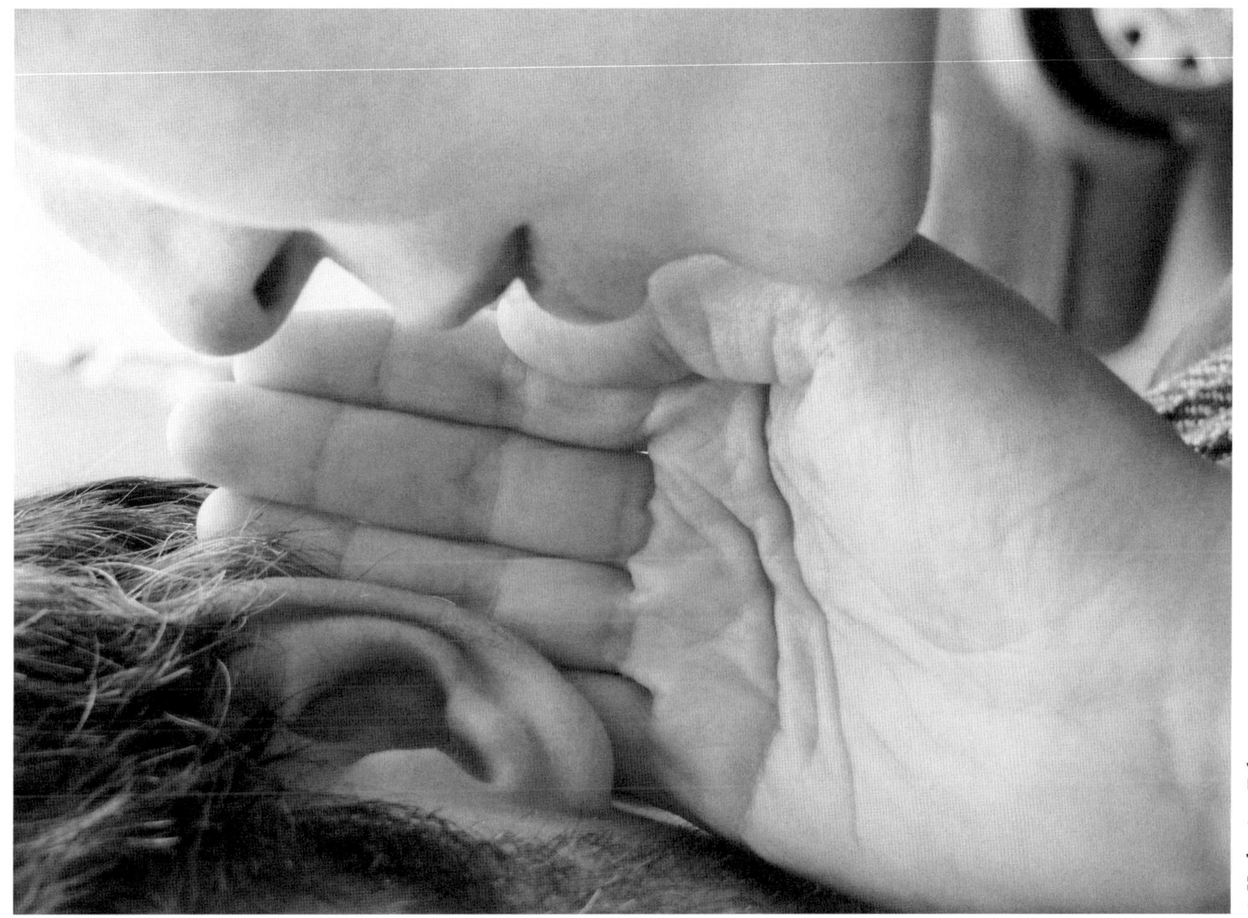

© Katharina Eckstein

M 5 Rettet die Privatsphäre!

Der folgende Textauszug stammt aus einem Artikel von Bernhard Pörksen, einem Professor für Medienwissenschaft in Tübingen. In dem Artikel beschäftigt er sich mit der Frage, warum der Mensch eine Privatsphäre bzw., allgemeiner formuliert, warum der Mensch Geheimnisse braucht.

Was es zu verteidigen gilt, ist das Geheimnis als ein Prinzip und Ideal menschlicher Existenz und Gemeinschaft. Denn ein Geheimnis erschafft eine zweite Welt, ein Refugium des Unbeobachteten und Unsichtbaren. In diese Welt können wir uns zurückziehen. Hier können wir uns erholen und müssen nicht mehr funktionieren. Hier können wir einem anderen von Erschöpfung, Krankheit oder unseren Sehnsüchten erzählen – im Vertrauen auf seine Verlässlichkeit und sein Schweigen. Wir werden uns auf diese Weise klar, wer wir sein wollen, sondieren die Konturen unserer Identität und erkunden die Bezirke des eigenen Selbst.

Pörksen, Bernhard: Rettet die Geheimnisse!, in: Chrismon 05/2014, S. 40f, leicht verändert; www.chrismon.evangelisch.de/artikel/2014/rettet-die-geheimnisse-21298?page=all [Zugriff am 22.05.2015] Auszug.

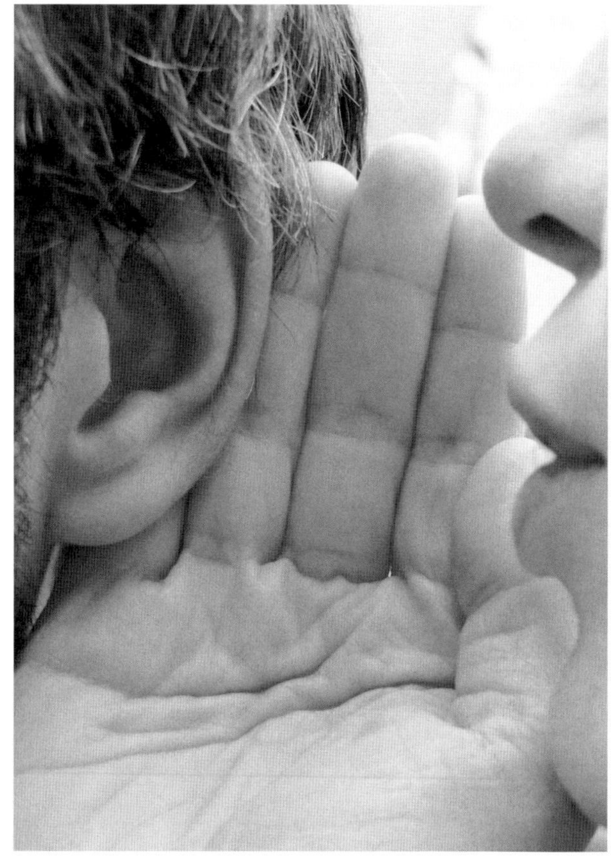

© Katharina Eckstein

M 6 »Wo Menschen in Schubladen gesteckt werden, erstarrt das Leben«

Ein Mann hatte seine Axt verloren. Er vermutete, der Sohn des Nachbarn habe sie ihm gestohlen. Also beobachtete der Mann den Nachbarjungen genau. Wie der Junge sich bewegte, sein Blick, seine ganze äußere Erscheinung war typisch für einen Dieb. Einige Zeit später fand der Mann zufällig seine Axt unter einem Bretterhaufen. Er selbst hatte sie dort vergessen. Am nächsten Tag sah er den Nachbarjungen wieder. Und siehe da, sein Gang, sein Blick, seine Bewegungen waren nicht die eines Axtdiebes.

Diese Geschichte erzählt von der Macht des Bildes. Das Bild vom Nachbarjungen als Täter erdrückt, was wirklich der Fall ist. Die vorgefasste Meinung, das Vorurteil, lässt nur solche Informationen zu, die den Verdacht bestätigen.

Das biblische Gebot »Du sollst dir kein Bildnis machen« ist auf diesem Hintergrund in seiner Wirkung für ein achtsames Verhalten gegenüber anderen Menschen kaum zu überschätzen. Es widerspricht der Festlegung des Menschen auf bestimmte Bilder und Stereotypen. Es verteidigt damit ihre Freiheit. Diese Freiheit besteht darin, anders sein zu dürfen, als alle Bilder und die damit verbundenen Rollenzuweisungen vorschreiben. Es verteidigt den Spielraum, sich ändern und aus dem Rahmen fallen zu dürfen.

Wenn in zwischenmenschlichen Beziehungen festgelegte Bilder die Herrschaft gewinnen, geht die Unschuld wirklicher Begegnung verloren. Noch bevor Begegnung möglich wird, weiß man bereits: mein Gegenüber ist so beschaffen, dass von ihm nur dieses und nichts anderes erwartet werden kann.

Wo Menschen in Schubladen gesteckt werden, erstarrt das Leben. Das Bild verdeckt den wirklichen Menschen. Ein Mann weint nicht. Eine Frau am Steuer ist eine Katastrophe. Die Jugend ist laut und verwöhnt.

© Wikimedia Commons/Andreas Praefcke

Oder wie in unserer Geschichte: der Nachbarjunge hat die vermisste Axt gestohlen.

Das Bilderverbot löst solche Fixierungen. Es erlöst den betroffenen Menschen vom Zwang, den Zuschreibungen anderer gerecht werden zu müssen. Es befreit aus der Lähmung, in die das von außen verhängte Urteil geführt hat. Es schenkt Spielraum – Spielraum, den ein Mensch braucht, um wachsen und sich entfalten zu können.

Nagorni, Klaus: Wo Menschen in Schubladen gesteckt werden, erstarrt das Leben, www.ekd.de/glauben/meditationen/bildnis1.html [Zugriff am 22.05.2015], gekürzt und leicht verändert, aus: Gewalt überwinden, Hg. Evangelisches Missionswerk in Deutschland, Material für Gemeinden und Gruppen, Neuendettelsau 2000, S. 23, ursprünglicher Titel: Der Sündenbock. Von der Kunst, sich kein Bild zu machen (II).

M 7 »Mensch sein ist Geheimnis sein«

Der folgende Textauszug stammt aus einer Predigt von der Pastoralreferentin Maria Meesters. Darin beschäftigt sie sich mit der Frage, was das Gebot, sich von Gott kein Bild zu machen, für den Menschen bedeutet.

Ich halte einen Säugling im Arm. Ein paar Wochen ist er alt. Er schläft gerade. Natürlich weiß ich einiges über den Kleinen, kenne seine Eltern, die temperamentvolle Mutter, den ruhigen Vater. Ich weiß auch allmählich, wie er sich verhält, wie er reagiert, und seine Eltern wissen es noch viel besser. Aber wissen wir deshalb schon, wer er ist? Wie oft ist das ja jetzt schon der Anfang eines menschlichen Dramas, wenn Eltern oder andere Menschen einem Kind feste Vorstellungen in die Wiege legen. Es ist natürlich, dass Eltern aus ihren Wünschen und aus dem, was sie mit ihrem Kind erleben, ein Bild entwickeln.

Gefährlich ist es, wenn sie ein fertiges Bild haben. Wenn das Kind selber keine Chance mehr hat.

Du sollst dir kein Bildnis machen! In der Bibel ist dieses Gebot auf Gott bezogen. Du sollst dir von Gott kein Bild machen. Aber es gilt sicher auch im Blick auf uns Menschen, die Gott schuf nach seinem eigenen Bild und Gleichnis. Sich kein fertiges Bild machen, von Gott nicht und von andern Menschen nicht – wahrscheinlich hängt das zusammen. Gott hat sein Geheimnis und wir tragen etwas von diesem Geheimnis in uns, als Kinder und auch als Erwachsene, bis zum Lebensende.

Im Geheimnis liegt das stärkste – vielleicht in Ewigkeit unschlagbare – Argument gegen den konstruierten Menschen. Das Recht eines Kindes, es selbst zu sein, ist im Kern das Recht, Geheimnis zu sein, von niemandem ganz ergründet, von niemandem total gelenkt und niemandes Instrument, stattdessen frei zu Überraschungen, zum Unausdenkbaren.

Meesters, Maria: Mensch sein ist Geheimnis sein, in: Broch, Thomas/Tripp, Wolfgang (Hg.): Ihr sollt euch kein Bildnis machen, Ostfildern 2002, S. 77–80, hier 79 f, gekürzt, Auszug.

M 8 Die Unverfügbarkeit des Menschen

Der Mensch soll sich von dem, nach dessen Bild er geschaffen ist, »keinerlei Bildnis« machen (Ex 20,4). Er ist dazu bestimmt, ein Bild dessen zu sein, der »weder im Himmel noch unten auf der Erde« ein Abbild seiner selbst findet. Das ist die paradoxe Auskunft, die die biblische Tradition auf die Frage nach seiner Bestimmung gibt. Der Mensch soll – wie außer ihm nur Gott selbst – *bilderlos* existieren. Darin besteht seine Gottesbildlichkeit. [...]

Das Gebot, das uns jegliches Bild *Gottes* verwehrt, schützt auch den Menschen vor dem Zugriff des tötenden Bildes. Es schützt sein Geheimnis, sein Wunder, seine unfassbare Lebendigkeit. Es schützt sein Recht. Wenn nämlich den Ort, an den wir ein Bild, ein Idol oder eine Projektion setzen, um unsere Herrschaftsansprüche zu legitimieren, Gott selbst als seinen eigenen Ort behauptet, wenn er es ist, der den Grund, auf den alle menschliche Autonomie sich beruft, bilderlos ausfüllt, so ist das ein Hinweis darauf, dass die Humanität des Menschen unserer Verfügung *entzogen* bleibt. Wo wir nicht anders können, als den Menschen nach unseren Vorstellungen zu formen, wo wir ihm das Bild unserer Gesellschaft, den Stempel unserer Zivilisation, die Norm unserer Wertsetzung aufprägen, da hält *Gott* ihm die Stelle als eines menschlichen freien Wesens offen, da begründet und schützt er sein Recht gegen den Zwang und die Intoleranz gesellschaftlich eingespielter Rollen und Rollenerwartungen, die dieses Recht beständig bedrohen. Er schützt es, indem er ihn nicht auf die Vergangenheit – die seiner Eltern oder die seiner Kultur – festlegt, sondern indem er ihn auf die Zukunft seines eigenen Handelns verweist.

Link, Christian: Menschenbild – Theologische Grundlegung aus evangelischer Sicht, in: Kraus, Wolfgang (Hg.): Bioethik und Menschenbild bei Juden und Christen. Bewährungsfeld Anthropologie, Neukirchen-Vluyn 1999, S. 57–71, hier 66, Hervorhebungen im Original.

M 9 Wehrt Euch! Hans Magnus Enzensbergers Regeln für die digitale Welt

© pixabay/geralt

Für Leute, die keine Nerds, Hacker oder Kryptographen sind und die Besseres zu tun haben, als sich stündlich mit den Fallgruben der Digitalisierung zu befassen, gibt es zehn einfache Regeln, wie sie sich ihrer Ausbeutung und Überwachung widersetzen können:

1. Wer ein Mobiltelefon besitzt, werfe es weg. Es hat ein Leben vor diesem Gerät gegeben, und die Spezies wird auch weiter existieren, wenn es wieder verschwunden ist. Der abergläubischen Verehrung, die ihm zuteil wird, sollte man nichts abgewinnen. Smart sind nicht diese Geräte oder die sie benutzen, sondern die sie uns anpreisen, um unermessliche Reichtümer anzuhäufen und gewöhnliche Menschen zu kontrollieren.
2. Wer immer einem ein kostenloses Angebot macht, ist verdächtig. Man sollte unbedingt alles ausschlagen, was sich als Schnäppchen, Prämie oder Gratisgeschenk ausgibt. Das ist immer gelogen. Der Betrogene zahlt mit seinem Privatleben, mit seinen Daten und oft genug mit seinem Geld.
3. Online-Banking ist ein Segen, aber nur für Geheimdienste und für Kriminelle.
4. Regierungen und Industrien möchten das Bargeld abschaffen. Ein gesetzliches Zahlungsmittel, das jeder einlösen kann, soll es nicht mehr geben. Münzen und Scheine sind Banken, Händlern, Sicherheitsbehörden und Finanzämtern lästig. Plastikkarten sind nicht nur billiger herzustellen. Sie sind auch unseren Aufpassern lieber, denn sie erlauben es, jede beliebige Transaktion zurückzuverfolgen. Deshalb tut jeder gut daran, Kredit-, Debit- und Kundenkarten zu meiden. Diese ständigen Begleiter sind lästig und gefährlich.
5. Dem Aberwitz, alle denkbaren Gebrauchsgegenstände, von der Zahnbürste bis zum Fernseher, vom Auto bis zum Kühlschrank über das Internet zu

vernetzen, ist nur mit einem totalen Boykott zu begegnen. An den Datenschutz den mindesten Gedanken zu wenden fällt ihren Herstellern nicht im Traum ein. Der einzige Körperteil, an dem sie verwundbar sind, ist ihr Konto. Sie sind nur durch die Pleite zu belehren.

6. Ähnliches gilt für die Politiker. Alles, was man gegen ihr Tun und Lassen einwendet, ignorieren sie. Den Finanzmärkten begegnen sie unterwürfig, und gegen das Treiben der Geheimdienste vorzugehen, wagen sie nicht. Interessiert sind sie jedoch daran, wiedergewählt zu werden. Solange das Wahlrecht noch existiert, sollte man ihnen die Stimme verweigern, wenn sie die digitale Enteignung dulden, statt gegen sie vorzugehen.
7. E-Mail, zu deutsch Strompost, ist schön, schnell und kostenlos. Also Vorsicht! Wer eine vertrauliche Botschaft hat oder nicht überwacht werden möchte, nehme eine Postkarte und einen Bleistift zur Hand. Handschrift ist von Automaten schwer zu lesen. Niemand vermutet auf einer Ansichtskarte, die 45 Cent kostet, wichtige Nachrichten. Man braucht also nicht zu einem toten Briefkasten zu greifen, wie er in altmodischen Spionageromanen vorkommt.
8. Waren oder Dienstleistungen via Internet sollte man meiden. Anbieter wie Amazon, Ebay und so weiter speichern alle Daten und belästigen ihre Kunden mit Reklamemüll. Anonymer Einkauf ist besser. Einzelne Adressen, die man gut kennt, können als Ausnahmen durchgehen.
9. Die großen Internetkonzerne finanzieren sich, ebenso wie das sogenannte Privatfernsehen, hauptsächlich durch Reklame. Damit stehlen sie ihren Kunden Zeit und Aufmerksamkeit. Wer einen, in welcher Form auch immer, andauernd anbrüllt oder belästigt, den sollte man abstrafen. Auf alle Angebote, die auf diese Weise vermarktet werden, zu verzichten ist empfehlenswert, ebenso wie Sender, die einen durch Werbung terrorisieren, ein für alle Mal abzuschalten. Das ist nicht nur aus hygienischen Gründen ratsam. Bekanntlich arbeiten besonders amerikanische Großkonzerne eng mit den Geheimdiensten zusammen, um möglichst jede menschliche Regung auszuspähen und zu kontrollieren.
10. Netzwerke wie Facebook nennen sich »sozial«, obwohl sie ihren Ehrgeiz daransetzen, ihre Kundschaft so asozial wie möglich zu behandeln. Wer solche Freunde haben will, dem ist nicht zu helfen. Wer bereits das Unglück hat, einem solchen Unternehmen anzugehören, der ergreife so schnell wie möglich die Flucht. Das ist gar nicht so einfach. Was ein Krake einmal erbeutet hat, gibt er nie wieder freiwillig her.

Enzensberger, Hans Magnus: Wehrt Euch!, www.faz.net/aktuell/feuilleton/debatten/enzensbergers-regeln-fuer-die-digitale-welt-wehrt-euch-12826195.html, veröffentlicht am 28.02.2014 [Zugriff am 22.05.2015] Auszug.

»Blutige Handys« – Wie mein Handykauf Menschenleben kostet

Simone Hiller

Die Anforderungssituation

Im Zentrum der Anforderungssituation steht die Auszubildende Maia, die sich ein neues Handy kaufen möchte. Eine Dokumentation über den Zusammenhang von Handys mit dem Bürgerkrieg im Kongo wirft für sie die Frage auf, ob und wie sie angesichts »blutiger Handys« ein neues Mobiltelefon kaufen kann.

Ergänzend zur Anforderungssituation kann in der Klasse ein Dokumentarfilm, wie Maia ihn gesehen hat, gezeigt werden. Wie bei Maia kann die Anforderungssituation bei Schülerinnen und Schülern die Frage aufwerfen, von welchen Motiven und Kriterien sie sich bei einem Handykauf leiten lassen. Sie können sich darüber informieren, wie Handys produziert werden und welche Missstände es dabei gibt. Das eigene Handeln als Handynutzer(in) kann im Horizont des eigenen Glaubens reflektiert werden. Abschließend können Initiativen gegen »blutige Handys« bzw. Alternativen erörtert und umgesetzt werden.

Das Modul geht von unserem täglichen beruflichen wie auch privaten Umgang mit Hightech- bzw. IT-Geräten aus. Einige Reportagen und Kampagnen lenkten in den letzten Jahren den Blick auf die verschiedenartigen Schwierigkeiten, die mit der Produktion dieser Geräte verbunden sind: Die dazu benötigten Edelmetalle sind selten und stammen oft aus Entwicklungsländern. Dort werden sie unter menschenunwürdigen Bedingungen geschürft, auch die Natur wird dabei unwiederbringlich zerstört. Teilweise handelt es sich um sogenannte »Konfliktmineralien«, deren Verkauf Kriege finanziert. Die Weiterverarbeitung geschieht in der Regel in Niedriglohnländern unter ebenfalls menschenunwürdigen Bedingungen. Auch Transport und Verkauf sollten kritisch reflektiert werden.

Der Reportage-Film *Blood in the Mobile* veranschaulicht die Problematik und prägte die Begriffe »Blut-Handys« bzw. »blutige Handys«. Verschiedene Initiativen, darunter die kirchlichen Hilfswerke, starteten Alt-Handy-Sammelaktionen oder Handy-Reparaturwerkstätten, um für die Problematik zu sensibilisieren. In den Niederlanden wurde mithilfe von Crowdfunding eine Non profit-Firma gegründet, die ein »faires« Mobiltelefon produziert.

An einem aktuellen Thema sollen die Schülerinnen und Schüler nicht nur in beruflichen, sondern auch privaten Zusammenhängen für Materialethik sensibilisiert werden. Das Modul eignet sich deshalb für technische Ausbildungsberufe ebenso wie für andere Ausbildungsberufe und allgemeinbildenden Religionsunterricht. Für Ausbildungsberufe im IT-Hardware-Bereich ist es berufsnah und anschlussfähig an fächerverbindende Lernfelddidaktik: In Ausbildungsgängen mit Materialkunde könnten die dort verarbeiteten Materialien hinsichtlich ihrer Herkunft und diesbezüglichen Optimierungsmöglichkeiten untersucht werden.

Ziel ist die Förderung der Urteils- und Entscheidungskompetenz. Es geht insbesondere um die Förderung von Bereitschaft, Wille und Fähigkeit, in der aufgeworfenen materialethischen Problemstellung aus dem persönlichen Lebensbereich einen im Horizont des christlichen Glaubens reflektierten, eigenen Standpunkt sowie Handlungsmöglichkeiten zu entwickeln. Der christliche Glaube bringt gelebte Nächstenliebe und Hilfsbereitschaft gegenüber den »Geringsten« sowie Verantwortung für das eigene Handeln und dessen Folgen (auch die nicht direkt ersichtlichen) im Kontext von Globalisierung und der *Einen Welt* als Reflexionshorizont ein.

Einführende und vertiefende Informationen zu den Produktionsbedingungen von Mobiltelefonen finden sich fast ausschließlich im Internet. Das Thema ist damit prädestiniert für eigenständige Recherchen der Schülerinnen und Schüler. Hilfreiche Links sind in der Literatur zu diesem Modul zusammengestellt.

Möglicher Ablauf

Das Modul wird durch die Anforderungssituation eröffnet; daran kann sich noch in derselben Unterrichtsstunde eine Selbstreflexion (M1), die auch als Lernstandserhebung dienen kann, anschließen.

Der Film bzw. M2 mit Bearbeitung und Austausch über die Arbeitsaufträge können eine Doppelstunde füllen.

Im Anschluss daran können die folgenden Materialien einzeln herausgegriffen, miteinander kombiniert oder alle bearbeitet werden, wobei jedes Material auf etwa eine Unterrichtsstunde hin angelegt ist; M3 und M4 werden gemeinsam behandelt.

Bei der Erprobung des Moduls löste die Anforderungssituation bei den Schülerinnen und Schülern die Frage aus, was Handys mit dem Religionsunterricht zu tun haben. Im vorgeschlagenen Ablauf kann diese Frage einen Spannungsbogen über die ersten Schritte bilden und dann anhand von M6, M7 und M8 aufgegriffen werden. Diese Materialien können aber auch direkt im Anschluss an M2 bearbeitet werden und so die Relevanz der folgenden Materialien für den Religionsunterricht unterstreichen.

Abschließend empfiehlt es sich, nochmals auf die Anforderungssituation zurückzukommen, um die Kompetenzentwicklung mit den Lernenden nachzuvollziehen. Dies kann auch durch einen zweiten Blick auf M1 oder anhand der produktorientierten Arbeitsaufträge in M9 geschehen.

Mögliche Materialien

M1 Mein Traumhandy

Das Material verfolgt zwei Ziele: Die Schülerinnen und Schüler sollen ihre Überlegungen zu einem Handykauf reflektieren. Die Antworten sind ein Hinweis auf die bereits vorhandene Problemsensibilität und somit eine Form von Ausgangserhebung zur Kompetenz der Lernenden.

Kennenlernen der Problematik durch den Film (bzw. M2 »Blutige Handys« – Der schmutzige Handel mit Coltan)

Zum Kennenlernen der Problematik empfiehlt es sich, ergänzend zur Lektüre der Anforderungssituation, einen Dokumentarfilm, wie Maia ihn gesehen hat, zu zeigen. Der Filmemacher Frank Piasecki Poulsen dokumentierte die Arbeit in der größten Mine im Kongo. Er konfrontierte den damals bedeutendsten Handyhersteller Nokia mit den Arbeitsbedingungen und dem Bürgerkrieg im Kongo und zeigte einen Vorschlag auf, wie der Coltan-Abbau kontrolliert werden kann.

Den 30-minütigen Fernsehbeitrag *Blutige Handys – Der schmutzige Handel mit Coltan für unsere Handys* (WDR 2010) finden Sie (voraussichtlich bis Ende 2015) unter http://www.planet-schule.de/sf/php/02_sen01.php?sendung=8553 (Zugriff am 13.05.2015) oder über die Landesmedienstellen in Baden-Württemberg und Rheinland-Pfalz.

Als *Blood in the Mobile* ist die Dokumentation bei Matthias Film in der Reihe *DVD edukativ* erschienen (Dänemark/Deutschland 2010, 52 Min./30 Min., FSK: 12).

Mit den Suchbegriffen »Film«, »Handy«, »Kongo« oder »blutige Handys« finden sich im Internet ähnliche Dokumentationen.

Alternativ zum Film sind Inhalte der Dokumentation in M2 zusammengefasst.

Trotz der seit den Filmaufnahmen verstrichenen Zeit hat sich die Situation im Kongo nicht gebessert. Aktuelle Informationen finden sich jeweils bei der Bundeszentrale für politische Bildung (http://www.bpb.de/internationales/weltweit/innerstaatliche-konflikte/54628/kongo, Zugriff am 13.05.2015).

Zeigte die Selbstreflexion der Schülerinnen und Schüler in M1 ein sehr hohes Problembewusstsein, können M3, M4 und M5 evtl. entfallen. Eine Überleitung zu M6 bietet dann der letzte vorgeschlagene Arbeitsauftrag, selbst zu überlegen, welche Möglichkeiten Verbraucher haben, um keine »blutigen Handys« zu fördern.

M3 Ein Mobiltelefon im Röntgenblick

M3 informiert über problematische Zustände bei der Herstellung und beim Vertrieb von Handys.

Für Schülerinnen und Schüler, die im Erfassen längerer Texte geübt sind, kann M3 durch die Informationen in *Aus der Mine ins Handy – die Zulieferkette in 6 Etappen* (http://www.arte.tv/de/fakten/3696128.html, Zugriff am 13.05.2015) ersetzt werden.

M4 Handy made in …?

Mittels M4 können die Informationen aus M3 geografisch verortet und erschlossen werden. Gleichzeitig wird der globalisierte Herstellungsprozess veranschaulicht.

Die zweite Seite von M4 zeigt eine Tabelle, die entweder als Vorlage für ein Puzzle oder als Lösungsblatt genutzt werden kann. Diese Seite kann bei den Arbeitsaufträgen mit den Symbolen △ und □ auch entfallen.

Für Symbol ○ wird die Tabelle entlang von Zeilen und Spalten zu Kärtchen geschnitten; die einzelnen Kästchen werden so zu Puzzleteilen. Die Aufgabe kann in Kleingruppen oder mit Hilfe von OHP oder Visualizer gemeinsam in der Klasse gelöst werden.

M5 Als Wanderarbeiterin in China

M5 kann ergänzend die Lebens- und Arbeitsbedingungen von Wanderarbeiterinnen und Wanderarbeitern in China vertiefen.

Anstatt des Texts kann bei entsprechender Sprachkenntnis auch der englischsprachige Film *Who Pays the Price? The Human Cost of Electronics* (9:31 Minuten; verfügbar unter https://www.youtube.com/watch?feature=player_embedded&v=ns-kJ5Podjw, Zugriff am 13.05.2015) gezeigt werden. Der Kurzfilm von Heather White und Lynn Zhang (unter Beteiligung von Good Electronics und Electronic Watch) dokumentiert Benzol-verursachte Leukämie-Erkrankungen bei Arbeiterinnen und Arbeitern in China.

M6 Was haben Handys mit Religion zu tun?

M6 schlägt den Bogen zu explizit religiösen Inhalten und kann als Einstiegsfolie genutzt werden. Bild und Text können dazu nacheinander aufgedeckt werden.

Auf dem Foto hält ein kongolesischer Erzbischof in der einen Hand eine Patronenhülse, in der anderen Hand ein aus einer solchen Hülse von im Bürgerkrieg traumatisierten Menschen gefertigtes Kreuz. Neben der biblischen Vision von *Schwerter zu Pflugscharen* und *Spieße zu Sicheln* (z. B. Mi 4,1–4) drückt das Bild auch eine Mahnung aus: Christinnen und Christen dürfen nicht wegschauen, wenn sie Menschen leiden sehen.

M7 Umdenken aus christlicher Perspektive

Mit M7 kann erarbeitet werden, warum aus Perspektive des christlichen Glaubens »Blut-Handys« problematisch sind. Überleiten zu M7 kann ein Unterrichtsgespräch zur Frage: *Welche christlichen Grundsätze werden durch »Blut-Handys«/beim Coltan-Abbau im Kongo verletzt?* Die beiden Bibelstellen können dann in der Klasse arbeitsteilig erarbeitet werden.

M8 Impulse aus dem Islam

»Blut-Handys« können auch aus islamischer Glaubensperspektive kritisch gesehen werden. Denn im Islam gibt es die Aufforderung, Armen zu helfen: Almosen zu geben ist eine der fünf Säulen; das Opfer am Opferfest ist nur gültig, wenn Bedürftigen etwas vom Opfertier gegeben wird. Explizit wird diese Aufforderung in der *Kairoer Erklärung der Menschenrechte im Islam,* die in M8 abgedruckt ist. (Erläuternde Kommentare dazu finden sich z. B. hier: http://www.amnesty.de/umleitung/2002/deu05/010 sowie http://www.islamdebatte.de/islamische-schluesseltexte/kairoer-erklaerung-der-menschenrechte-im-islam/, Zugriff am 13.05.2015).

M9 Saubere Handys?!

Lösungsorientiert sollen Initiativen gegen »blutige« und für »saubere Handys« sowie Alternativen erörtert werden. M9 zeigt verschiedene Möglichkeiten.

Abschluss mit produktorientierten Arbeitsaufträge

Abschließend können die im Modul erworbenen bzw. ausgebauten Kompetenzen durch produktorientierte Arbeitsaufträge vertieft und eingeübt werden. Die Ergebnisse könnten Grundlage für eine Leistungsbewertung sein.

Abschließende Reflexion von Motiven und Kriterien beim Handykauf

Zum Schluss können die Schülerinnen und Schüler sich ihre eingangs in M2 festgehaltenen Kriterien vergegenwärtigen und überlegen, ob und inwiefern sich etwas an ihren Kriterien geändert hat.

Literatur

Zusatzmaterialien zur Dokumentation *Blood in the mobile* sowie kontroverse Zuschauer-Kommentare auf einer Themenseite von ARTE (http://www.arte.tv/de/Blood-in-the-mobile/3688482.html, Zugriff am 13.05.2015).

Die Seite *makeITfair – for people everywhere* bietet schüler- und unterrichtsgerecht aufbereitete Informationen (http://makeitfair.org/, Zugriff am 13.05.2015), die deutsche Partnerseite ist Germanwatch (http://germanwatch.org/de/startseite, Zugriff am 13.05.2015).

Aktion *Saubere Handys* des katholischen Hilfswerks missio (www.missio-hilft.de/handy, Zugriff am 13.05.2015).

Althandy-Sammelaktion der Caritas für Recycling und Spenden in den Kongo im Rahmen der Kampagne *Weit weg ist näher, als du denkst* (http://www.caritas.de/handysammlung, Zugriff am 13.05.2015).

Kampagne *High Tech – No Rights?* von Brot für alle (http://www.brotfueralle.ch/index.php?id=200) und Fastenopfer (http://www.fastenopfer.ch/sites/menschenrecht/htnr_d.html), Zugriff am 13.05.2015.

Clean IT-Kampagne von Südwind (http://www.clean-it.at/, Zugriff am 13.05.2015).

Forum InformatikerInnen für Frieden und gesellschaftliche Verantwortung e. V. (http://fiff.de/themen/fair_it, Zugriff am 13.05.2015).

Seite *Good electronics* (englischsprachig; http://goodelectronics.org/, Zugriff am 13.05.2015).

Nordmann, Julia u. a. (Hg.): Die Rohstoff-Expedition. Entdecke, was in (d)einem Handy steckt, 2. Auflage, Berlin/Heidelberg 2015. Das kostenlose Zusatzmaterial zum Buch mit Kopiervorlagen für den (naturwissenschaftlich orientierten) Unterricht zum Thema findet sich im Netz unter www.springer.com/de/book/9783662440827 [Zugriff am 18.06.2015].

Verbraucherzentrale Nordrhein-Westfalen: www.vz-nrw.de/handyrohstoffe [Zugriff am 18.06.2015].

Mögliche Arbeitsaufträge im Überblick

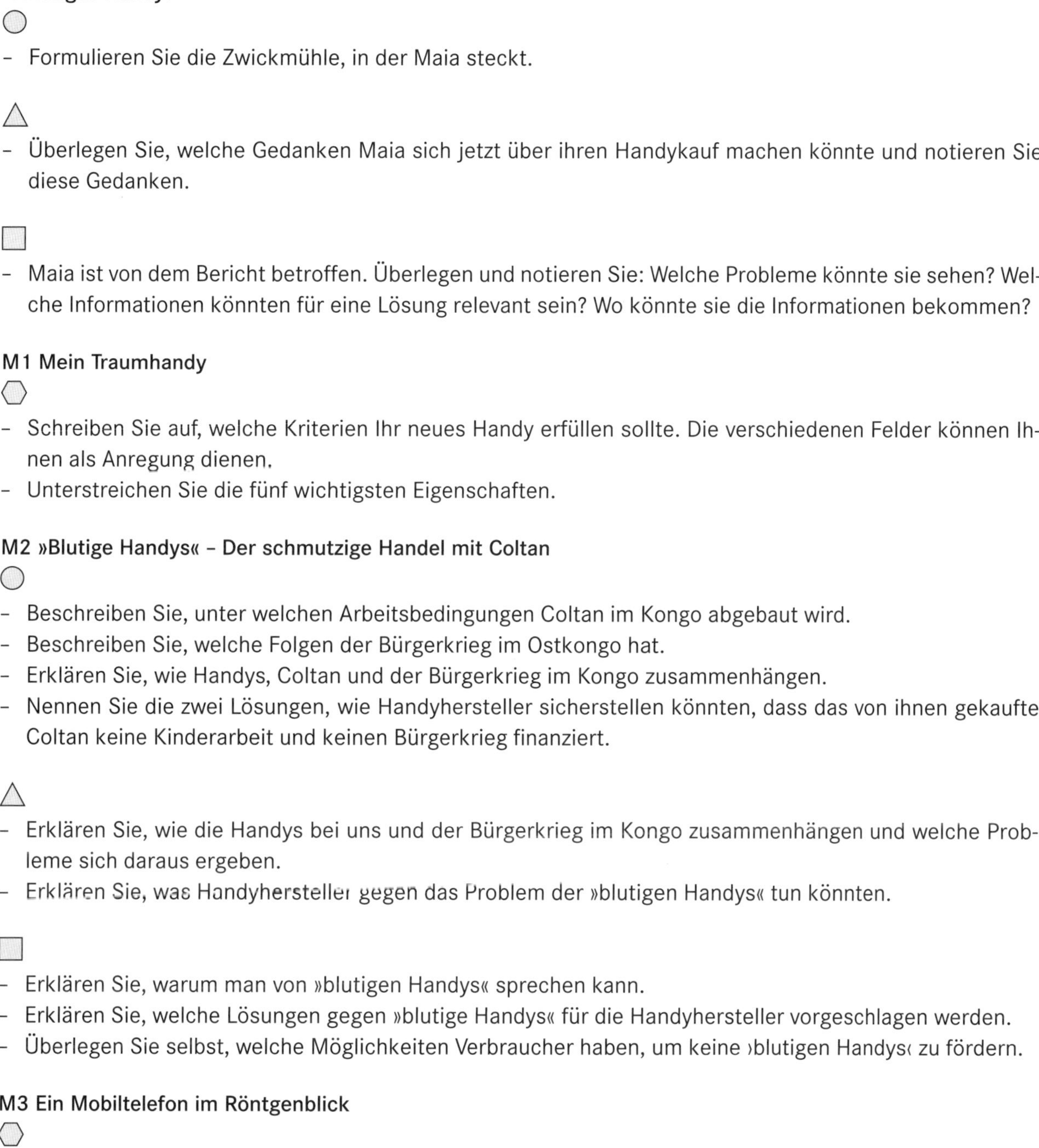

A Blutiges Handy?

○

- Formulieren Sie die Zwickmühle, in der Maia steckt.

△

- Überlegen Sie, welche Gedanken Maia sich jetzt über ihren Handykauf machen könnte und notieren Sie diese Gedanken.

□

- Maia ist von dem Bericht betroffen. Überlegen und notieren Sie: Welche Probleme könnte sie sehen? Welche Informationen könnten für eine Lösung relevant sein? Wo könnte sie die Informationen bekommen?

M1 Mein Traumhandy

⬡

- Schreiben Sie auf, welche Kriterien Ihr neues Handy erfüllen sollte. Die verschiedenen Felder können Ihnen als Anregung dienen.
- Unterstreichen Sie die fünf wichtigsten Eigenschaften.

M2 »Blutige Handys« - Der schmutzige Handel mit Coltan

○

- Beschreiben Sie, unter welchen Arbeitsbedingungen Coltan im Kongo abgebaut wird.
- Beschreiben Sie, welche Folgen der Bürgerkrieg im Ostkongo hat.
- Erklären Sie, wie Handys, Coltan und der Bürgerkrieg im Kongo zusammenhängen.
- Nennen Sie die zwei Lösungen, wie Handyhersteller sicherstellen könnten, dass das von ihnen gekaufte Coltan keine Kinderarbeit und keinen Bürgerkrieg finanziert.

△

- Erklären Sie, wie die Handys bei uns und der Bürgerkrieg im Kongo zusammenhängen und welche Probleme sich daraus ergeben.
- Erklären Sie, was Handyhersteller gegen das Problem der »blutigen Handys« tun könnten.

□

- Erklären Sie, warum man von »blutigen Handys« sprechen kann.
- Erklären Sie, welche Lösungen gegen »blutige Handys« für die Handyhersteller vorgeschlagen werden.
- Überlegen Sie selbst, welche Möglichkeiten Verbraucher haben, um keine ›blutigen Handys‹ zu fördern.

M3 Ein Mobiltelefon im Röntgenblick

⬡

- Lesen Sie den Text und unterstreichen Sie die genannten Orte und die geschilderten Probleme in unterschiedlichen Farben.

M4 Handy made in ...?

○

- Platzieren Sie die Kärtchen mit Ortsangaben an einer passenden Stelle auf der Weltkarte. Wählen Sie einen aus, wenn mehrere Orte angegeben sind.
- Ordnen Sie den Orten jeweils einen Produktionsschritt in der Handyherstellung und eine damit verbundene Problematik zu.

△

- Finden Sie für jeden Produktionsschritt einen typischen Ort auf der Weltkarte.
- Tragen Sie bei den jeweiligen Orten ein, welcher Schritt der Handyherstellung hier passiert und welche Missstände damit verbunden sind.

□

- Tragen Sie in die Weltkarte die in der Handyherstellung und -verwertung relevanten Orte ein.
- Tragen Sie bei den jeweiligen Orten ein, welcher Schritt der Handyherstellung hier passiert und welche Missstände damit verbunden sind.

M5 Als Wanderarbeiterin in China

○

- Ihre ganze Schule soll vom Schicksal chinesischer Wanderarbeiterinnen und Wanderarbeiter erfahren. Entwerfen Sie ein Plakat, das über die Missstände, die im Text geschildert sind, informiert.

△

- Ihre ganze Schule soll vom Schicksal chinesischer Wanderarbeiterinnen und Wanderarbeiter erfahren, um bei Handykäufen sensibilisiert zu werden. Entwerfen Sie eine Seite für den Newsletter bzw. die Homepage Ihrer Schule, auf der Sie über das Schicksal von Wanderarbeiterinnen und Wanderarbeitern informieren. (Recherchieren Sie dazu weitere Berichte, z. B.: http://labournet.de/internationales/cn/wanderarbeit.html)

□

- Vergleichen Sie die Bedingungen der Handyproduktion mit den Arbeitsregelungen in Ihrem Betrieb und beschreiben Sie die Verstöße in der Handyherstellung gemessen an diesen Regelungen.

M6 Was haben Handys mit Religion zu tun?

⬡

- Beschreiben Sie, was auf dem Bild zu sehen ist.
- Welche Botschaft könnte das Foto ausdrücken wollen?

M7 Umdenken aus christlicher Perspektive

⬡

- Fassen Sie die Botschaft der Bibelstellen in einem Satz zusammen.
- Erklären Sie, was die Botschaft der Bibelstellen für den Umgang mit »Blut-Handys« bedeutet.

M8 Impulse aus dem Islam

⬡

- Erklären Sie, welche Haltung von Muslimen erwartet wird.
- Könnten Initiativen gegen ›Blut-Handys‹ auch von Muslimen unterstützt werden?

M9 Saubere Handys?!

○

- Legen Sie eine Tabelle mit drei Spalten an: Vorschlag, positive Aspekte, negative Aspekte. Entscheiden Sie auf dieser Grundlage, welchen Lösungsvorschlag Sie für den besten halten.

- Beschreiben sie die Auswirkungen der einzelnen Vorschläge auf Sie als Konsumenten und wägen Sie ab, ob Sie selbst diesen Vorschlag mittragen würden oder nicht.

- Stellen Sie Maias Rechercheergebnisse in einer Mindmap dar.
- Bewerten Sie die einzelnen Vorschläge durch Kommentare in der Mindmap: (1) Welcher Vorschlag erscheint Ihnen für die Menschen, die unter der Handyherstellung und ihren Folgen leiden, am hilfreichsten? (2) Gibt es einen Vorschlag, den Sie selbst als Handykäufer(in) wählen würden? (3) Unterscheiden sich Ihre Antworten auf die Teilaufgaben 1 und 2? Begründen Sie, warum (nicht).
- Alternativ kann die Urteilsbildung auch in einem Schreibgespräch stattfinden. Mögliche Themen/Plakate: Bluthandys - das kann ich tun/das können Handyhersteller tun/das kann die deutsche Regierung/die EU tun/das kann ... tun.

Produktorientierte Arbeitsaufträge

- Maia überlegt sich, welche Kriterien für ein Zertifikat für »menschenfreundliche Handys« gelten müssten. Sammeln Sie alle Kriterien, die Ihnen wichtig sind.
- Maia möchte mit einer Handysammelaktion auf die wertvollen Rohstoffe in Handys aufmerksam machen. Entwerfen Sie einen Flyer, der andere auf die Problematiken in der Handyherstellung aufmerksam macht und für Recycling wirbt.
- Maia entscheidet sich dazu, ihr noch funktionsfähiges Handy weiter zu nutzen. Sie möchte andere davon überzeugen, ihre Handys auch so lange wie möglich zu gebrauchen. Dazu entwirft sie einen kleinen selbstklebenden Displayreiniger für Handys, der auf lustige Art und Weise darauf aufmerksam macht, dass es sinnvoll ist, sein Handy weiter zu benutzen. Entwickeln Sie selbst ein Display-Reinigungs-Pad, das Lust darauf macht, ein altes Handy weiter zu benutzen.

- Maia entscheidet sich dazu, ihr bisheriges, noch funktionsfähiges Handy weiter zu nutzen. Sie möchte andere davon überzeugen, ihre Handys auch so lange wie möglich zu gebrauchen. Wenn etwas daran kaputt geht, kann es oft in kleinen Reparaturbetrieben repariert werden. Maia unterstützt einen solchen Ein-Mann-Reparaturbetrieb, indem sie einen Flyer entwirft, der zahlreiche Gründe aufführt, ein Handy weiter zu nutzen. Entwerfen Sie einen Werbeflyer, der mit ethischen Gründen überzeugt.
- Maia hat sich entschieden: Sie möchte ein fair gehandeltes bzw. zertifiziertes Smartphone kaufen. Das kostet allerdings 100–250 Euro mehr als ein übliches Handy mit denselben Funktionen. Sie möchte ihre Eltern davon überzeugen, sich an den Mehrkosten zu beteiligen. Schreiben Sie Argumente auf, mit denen Maia ihre Eltern überzeugen könnte.
- Unabhängig davon, ob sie sich ein neues Handy kauft, möchte Maia mit einem Teil ihres monatlichen Lohns den Menschen, die unter den »Blut-Handys« leiden, helfen. Recherchieren Sie Hilfsaktionen und Hilfsprojekte, die Ihnen sinnvoll erscheinen. Stellen Sie die Projekte in Ihrer Klasse vor und erklären Sie, warum Sie die Aktion oder das Projekt für gut halten und wo Sie gegebenenfalls Schwierigkeiten sehen.

- Maia findet, dass sich an der Gesetzeslage etwas ändern sollte. Verfassen Sie ein Schreiben an ein Ministerium (oder eine Petition), in dem Sie konkrete Vorschläge für Gesetze machen, die die Handyherstellung menschlicher machen.

Abschließende Reflexion von Motiven und Kriterien beim Handykauf

- Nehmen Sie nochmal M2 zur Hand und lesen Sie Ihre eigenen Antworten zu Ihrem Traumhandy durch. Überlegen Sie sich, ob und inwiefern sich durch die letzten Stunden etwas an Ihren Antworten geändert hat.

A Blutiges Handy?

Seit Maia bei ihrer Ausbildung Geld verdient, gibt sie ihren Eltern einen Teil davon als Miete. Den Rest verwendet sie für ihren Handyvertrag, Klamotten, Computerzubehör und um hin und wieder mit ihren Freundinnen größer wegzugehen. Jetzt möchte sie sich auch ein neues Handy kaufen. Ihre ersten Mobiltelefone waren die alten Geräte ihrer großen Schwester. Zum 16. Geburtstag hat sie dann endlich ein neues Smartphone bekommen, doch das ist nun auch schon zwei Jahre her. Maia hat sich bereits erkundigt: Für ca. 100–250 Euro bekommt sie ohne Zusatzkosten ein neues Smartphone, das ihren Wünschen entspricht.

Abends beim Fernsehen stößt sie zufällig auf einen Bericht über Rohstoffe in Handys, Digitalkameras, Computern usw. Sie erfährt, dass Coltan, ein Erz, aus dem wichtige Metalle für die Handyherstellung gewonnen werden, inzwischen zu großen Teilen aus dem Kongo stammt. Dort arbeiten häufig Kinder in schlecht gesicherten Minen unter krank machenden und lebensgefährlichen Bedingungen. Außerdem herrscht im Kongo ein Bürgerkrieg, der zu Flucht und Vertreibung führt, der unzählige Vergewaltigungen sogar schon von Kindern mit sich bringt und der bereits über fünf Millionen Menschenleben gekostet hat. Es ist damit der tödlichste Krieg nach dem Zweiten Weltkrieg. Der Coltan-Abbau trägt zur Finanzierung dieses Bürgerkriegs mit bei.

Maia erinnert sich auch, dass sie schon von schlimmen Arbeitsbedingungen in den Ländern, in denen Handys zusammengebaut werden, gehört hat.

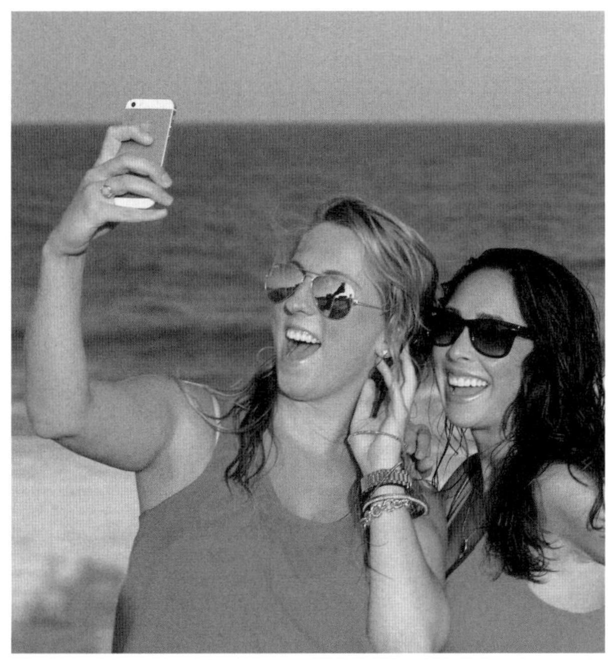

© pixabay/laura6

Maia ist betroffen – Handy und auch Computer oder Digitalkamera sind für sie Alltagsgegenstände. Sie kann sich unter keinen Umständen vorstellen darauf zu verzichten. Aber sie will auch auf keinen Fall durch den Kauf eines Handys zu den grausamen Zuständen im Kongo und anderswo beitragen.

M 1 Mein Traumhandy

Aussehen?

Preis?

Marke/Modell?

Funktionen?

…

© pixabay/Nemo

Zubehör?

Warum ein neues Handy?

M 2 »Blutige Handys« – Der schmutzige Handel mit Coltan

Kein Handy kommt ohne das Mineral Coltan aus. Große Vorkommen davon liegen in der Demokratischen Republik Kongo. Das Land ist reich an Bodenschätzen. Trotzdem gehört es zu den ärmsten Ländern der Welt. Seit über 15 Jahren herrscht im Osten des Landes Bürgerkrieg. Über 5 Millionen Menschen sind dabei umgekommen. Die Vereinten Nationen (UNO) haben dort zwar so viele Blauhelmsoldaten (Friedenstruppen) stationiert, wie sonst nirgends, trotzdem gibt es sehr unsichere Orte.

Die größte Coltan-Mine im Kongo

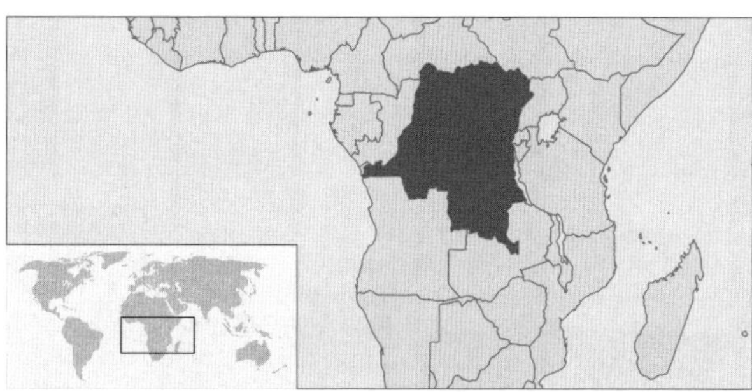

Obwohl dort Kriminelle herrschen, reist der Journalist Frank Piasecki Poulsen in die größte Coltan-Mine mitten im Dschungel und filmt. Er trifft Chance, einen 16-Jährigen, der drei Jahre in der Mine gearbeitet hat. Chance erzählt ihm: »Als ich das erste Mal in das Loch kriechen musste, habe ich es unten nicht lange ausgehalten. Ich konnte die Hitze nicht ertragen ...Ich musste aber immer wieder runter ...Es war sehr heiß und ich konnte es kaum aushalten.«

Die Mine ist ein großer Berg, der nur aus provisorischen Stollen besteht. Alles droht einzustürzen. Wo vor fünf Jahren nur Dschungel war, leben und arbeiten jetzt bis zu 25.000 Menschen. Der Stollen, in dem Chance arbeitete, ist 100 Meter tief. Es dauerte so lange hinein und wieder herauszukommen, dass Chance manchmal eine ganze Woche unten geblieben sei, so erzählt er es. In der Mine arbeiten viele Minderjährige. Jeden Monat sterben Menschen, weil Stollen einstürzen.

Das Coltan wird in 50 kg-Paketen auf dem Rücken zwei Tage lang aus dem Dschungel herausgetragen. Die Träger verdienen dafür vier Euro. Beim Betreten und Verlassen der Mine müssen sie den jeweiligen Herrschern über die Mine Zoll bezahlen. Von diesem Geld werden Waffen gekauft, die im Bürgerkrieg verwendet werden. So bleibt der Waffennachschub erhalten.

Coltan – Ursprung unbekannt?

Die bis 2011 größte Handyfirma Nokia erklärte, man könne am Rohstoff nicht erkennen, woher er stamme. Doch das stimmt nicht, denn es gibt den »geologischen Fingerabdruck«. Durch ein kleines Loch, das mit einem Laser in die Mineralien gebohrt wird, lässt sich bestimmen, wie alt der Rohstoff ist und damit auch, aus welcher Gegend er kommt.

Eine andere Möglichkeit, die Herkunft der Mineralien zu klären, wäre die Kontrolle der Lieferkette durch die Hersteller.

Die Informationen stammen aus dem Film *Blutige Handys – Der schmutzige Handel mit Coltan für unsere Handys* von Frank Poulsen (WDR u. a. 2010)

M3 Ein Mobiltelefon im Röntgenblick

© Wikimedia Commons/ SecretDisc

Forschung, Entwicklung und Design finden meist in den Industrieländern statt.

Die *Rohstoffe*, darunter seltene Metalle, kommen vor allem aus Afrika und Südamerika. Sie werden oft in Handarbeit mit einfachen Werkzeugen und giftigen Substanzen abgebaut. Das wenige vorhandene Wasser wird nicht als Trinkwasser, sondern für die Industrie verwendet und dadurch verseucht. Die Arbeiter sind abhängig von den Besitzern der Minen (Gutsherren-artige Strukturen). Trotz der wertvollen Rohstoffe bleiben die Gegenden arm, weil nur Einzelne daran verdienen.

Der *Transport* der Rohstoffe erfolgt auf Seerouten vor allem nach Südostasien oder Südamerika, da die Marken die Handys nicht selbst bauen. Sie beauftragen Kontraktfertiger. Diese wiederum beauftragen spezialisierte Komponentenhersteller. Die Seetransporte sind günstig – nicht zuletzt wegen der gering bezahlten Arbeitskräfte und der schlechten Arbeitsbedingungen an Bord.

Die *Fertigung* der einzelnen Teile findet in Niedriglohnländern statt – meist in Sonderwirtschaftszonen, wo es keine Zölle, wenig Steuern und eingeschränkte Arbeitnehmerrechte gibt. Die Arbeiter – bzw. meist Arbeiterinnen – sind Wanderarbeiterinnen, die weit weg von ihrer Heimat leben, um Geld für ihre Familien verdienen zu können Dabei nehmen sie auch Arbeit in Kauf, die unter fragwürdigen und schwierigen Bedingungen geschieht.

Ihre Arbeit sieht oft so aus: kein Arbeitsvertrag und damit kein Aufenthaltsrecht; keine Aufklärung über Arbeitsrechte; keine Gewerkschaften oder Betriebsräte; Mindestlöhne werden (wo vorhanden) nicht eingehalten – sie würden aber auch nicht ausreichen; 10-Stunden-Schichten mit kurzfristig angeordneten Überstunden; Wochenendarbeit; wenige, fest vorgegebene Pausen; unsichere und verspätete Gehaltszahlungen; strenge Regeln für das Gespräch miteinander, für Toilettenzeiten usw. mit finanziellen Sanktionen; keine Kranken-, Arbeitslosen- und Rentenversicherung; ungesunde Arbeitshaltung; mangelnde Arbeitssicherheit; giftige Stoffe; Wohnen beim Werk in Gemeinschaftsunterkünften und unter ständiger Beobachtung.

Der Druck kommt von den Markenfirmen. Sie verlangen niedrige Preise, Flexibilität und fördern die Konkurrenz durch häufige Neuausschreibung.

Montage und Verpackung finden manchmal in Europa oder Nordamerika statt, meist jedoch in den Fertigungsländern.

Auch beim *Verkauf* können Menschen Druck ausgesetzt sein, z. B. durch vorgeschriebene Gesprächsbausteine, erwartete Absatzzahlen oder verhinderte Betriebsräte.

Trotz der *Entsorgungs*pflicht der Hersteller in Deutschland wird nur ein Viertel aller Elektrogeräte ordentlich entsorgt. Die anderen werden im Restmüll oder wild entsorgt oder kommen illegal ins Ausland. Legal ist nur die Ausfuhr funktionstüchtiger Geräte! Vor allem in Asien und Afrika werden Metalle mit Chemikalien oder Feuer von Hand aus dem Schrott gelöst – mancherorts von Menschen, die direkt auf der Mülldeponie leben.

Die Informationen sind folgenden Quellen entnommen: fiff.de/themen/fair_it/fair_it_1 und www.sueddeutsche.de/wirtschaft/arbeitsbedingungen-in-apple-stores-schnueffel-vorwuerfe-gegen-apple-1.1582561 [Zugriff am 19.06.2015].

M4 Handy made in …?

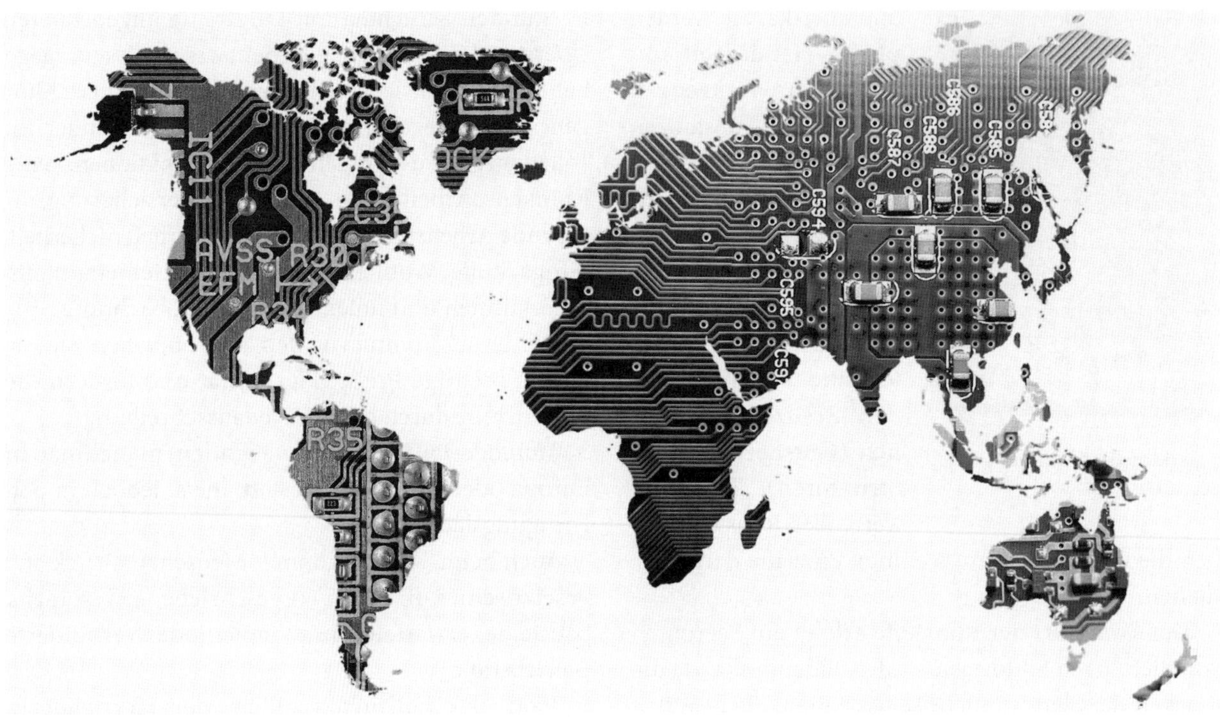

© Boris Wettig/pixelio.de

Produktionsschritt	Ort	Problematik
Forschung, Entwicklung und Design	– Industrieländer (z. B. die G8: Deutschland, Frankreich, Italien, Japan, Kanada, Russland, USA, Vereinigtes Königreich)	– Es sind keine Menschenrechtsverletzungen bekannt.
Gewinnung der Rohstoffe	– Afrika – Südamerika – Südostasien	– Handarbeit mit einfachen Werkzeugen und giftigen Substanzen – Trinkwasserverschmutzung – Gutsherrenartige Strukturen → nur Einzelne profitieren von den Rohstoffen
Transport	– Weltmeere	– gering bezahlte Arbeitskräfte und schlechte Arbeitsbedingungen
Fertigung	– Niedriglohnländer und Sonderwirtschaftszonen (z. B. an Chinas Südostküste: Xiamen, Shantou; Chennai in Indien; Jantar in Russland; Maial in Kuba)	– stark eingeschränkte Arbeitnehmerrechte; häufig Wanderarbeiter(innen), deren Notlage fern ihrer Heimat und Familie ausgenutzt wird
Montage und Verpackung	– Niedriglohnländer und Sonderwirtschaftszonen – teilweise auch Europa oder Nordamerika	– je nach Ort
Verkauf	– überall auf der Welt	– je nach Ort; auch in Deutschland, z. B. durch vorgeschriebene Gesprächsbausteine, erwartete Absatzzahlen oder verhinderte Betriebsräte
Entsorgung	– Nutzungsland – aber auch Entwicklungsländer	– nicht immer ordnungsgemäße Entsorgung → Umweltverschmutzung sowie Gefährdung von Menschen bei einem nicht ordnungsgemäßen Recycling in Entwicklungsländern

M5 Als Wanderarbeiterin in China

Es ist später Nachmittag, ein Sonntag in der chinesischen Fabrikstadt Shenzhen, die Luft ist heiß. Wu Ying trägt einen blauen Arbeitskittel, auf der linken Brust steht der Name ihrer Firma [...] Es dauert fast eine Stunde, bis sie dann doch noch von ihren Problemen erzählt. Sie ärgert sich über die »freiwilligen Überstunden«, die sie am Fließband leisten muss, immer wenn die Kunden aus Europa und den USA es besonders eilig haben. »Freiwillig« heißt: ohne Bezahlung. Selbst kleine Fehler werden mit Geldstrafen geahndet. Manchmal ziehen die Aufseher zehn Yuan vom Gehalt ab, wenn man nicht gerade auf seinem Stuhl sitzt. Und oft schmerzen Augen und Hände nach der Arbeit. Wu Ying sagt, ihr letzter freier Tag liege Wochen zurück.

©imago/Xinhua

Sie trägt ihren Dienstausweis um den Hals. Auf der Rückseite hat sie ein Foto in die Plastikhülle geklebt. Ein Junge und ein Mädchen, beide lächeln. Es sind ihre Kinder, die zu Hause in ihrem Heimatdorf auf sie warten. Wenn sie einsam ist, oder müde von den langen Stunden am Fließband, dann schaut sie kurz auf das Bild und hat wieder genug Kraft für ein paar Stunden. [...]

Chinas Wirtschaft hat in wenigen Jahren Unglaubliches geschafft: Lebensstandard und Konsumgewohnheiten der Stadtbewohner an der reichen Ostküste sind heute nicht mehr weit entfernt von dem Niveau vieler westlicher Länder. Nur die 200 Millionen Wanderarbeiter in den Fabrikstädten entlang der Ostküste arbeiten unter unmenschlichen Bedingungen. [...]

Bei einem Feuer in einer Fabrik in Shenzhen starben 78 Arbeiter, weil die Fenster vergittert und die Türen abgeschlossen waren. In vielen Fabriken mussten die Arbeiter jeden Tag 16 Stunden schuften, und wer sich beschwerte, wurde fristlos gefeuert, denn am Fabrikeingang warteten schon die nächsten Wanderarbeiter aus dem weiten chinesischen Hinterland.

[...] Es gibt inzwischen Gesetze zum Schutz der Arbeiter. Chinas Regierung hat Mindestlöhne und Sozialversicherungen eingeführt, seit Januar gilt ein neues Arbeitsvertragsrecht, das in vielen Punkten sogar noch strenger ist als das deutsche. Auch im Westen sind viele Kunden kritischer geworden. Kein Weltkonzern kann es sich heute noch erlauben, die Arbeitsbedingungen der chinesischen Lieferanten zu ignorieren. Jeder Markenhersteller verfügt inzwischen über Ethikrichtlinien, die Kinderarbeit verbieten und soziale Mindeststandards vorschreiben. Doch das alles half nur wenig. »Fast jede Fabrik verletzt die chinesischen Arbeitsgesetze, und die lokalen Regierungen in den Industriestädten akzeptieren das, um das Investitionsklima nicht zu verschlechtern« [...]. »Nur wenn die Firmen aus dem Westen ihre Einkaufspolitik ändern, wird sich etwas verbessern«, sagt Chan [Aktivistin einer kleinen Organisation, die sich für die Rechte der Arbeiter einsetzt].

Das Los von Wu Ying, Artikel von Janis Vougioukas in der Süddeutschen Zeitung vom 28.06.2008 (gekürzt), online erschienen am 17.05.2010 unter: http://www.sueddeutsche.de/wirtschaft/chinesische-wanderarbeiter-das-los-von-wu-ying-1.590778 [Zugriff am 13.05.2015].

M 6 Was haben Handys mit Religion zu tun?

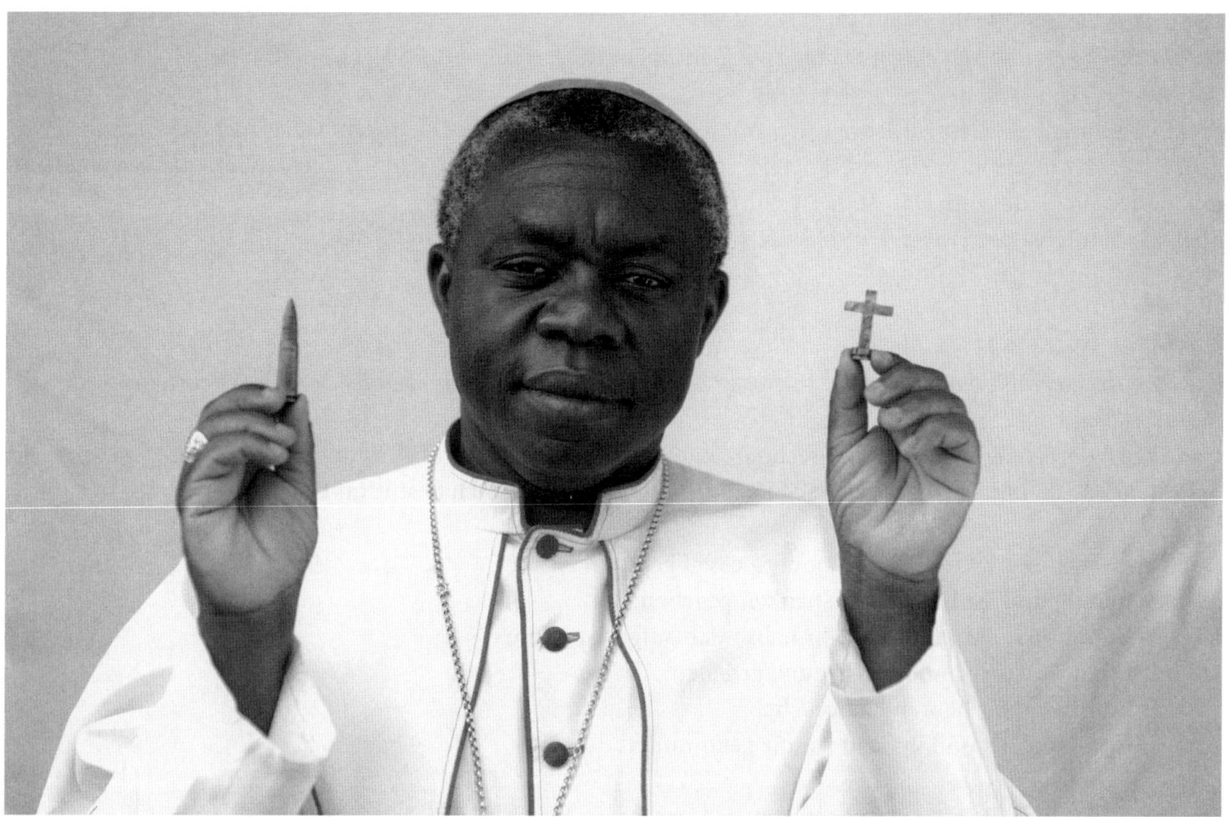

Erzbischof François-Xavier Maroy Rusengo aus dem Kongo. © Bettina Flitner/missio

> *Wenn man weiß, dass man Coltan verwendet oder kauft, für das eine ganze Dorfgemeinschaft niedergemetzelt worden ist, dann muss uns das zum Umdenken bringen.*
>
> François-Xavier Maroy Rusengo

M 7 Umdenken aus christlicher Perspektive

Matthäus 22,35–39

Die Bibelstelle erzählt von einem Dialog zwischen einem Gesetzeslehrer und Jesus:

Einer von ihnen, ein Gesetzeslehrer, [...] fragte ihn: »Meister, welches Gebot im Gesetz ist das wichtigste?«
Er [Jesus] antwortete ihm: »Du sollst den Herrn, deinen Gott, lieben mit ganzem Herzen, mit ganzer Seele und mit all deinen Gedanken. Das ist das wichtigste und erste Gebot.
Ebenso wichtig ist das zweite: Du sollst deinen Nächsten lieben wie dich selbst.«

Matthäus 25,34–40

Die Bibelstelle erzählt davon, wie die Taten der Menschen von Gott (hier »König« genannt) beurteilt werden:

Dann wird der König denen auf der rechten Seite sagen: Kommt her, die ihr von meinem Vater gesegnet seid, nehmt das Reich in Besitz, das seit der Erschaffung der Welt für euch bestimmt ist.

Denn ich war hungrig und ihr habt mir zu essen gegeben;
ich war durstig und ihr habt mir zu trinken gegeben;
ich war fremd und obdachlos und ihr habt mich aufgenommen;
ich war nackt und ihr habt mir Kleidung gegeben;
ich war krank und ihr habt mich besucht;
ich war im Gefängnis und ihr seid zu mir gekommen.

Dann werden ihm die Gerechten antworten: Herr, wann haben wir dich hungrig gesehen und dir zu essen gegeben, oder durstig und dir zu trinken gegeben? Und wann haben wir dich fremd und obdachlos gesehen und aufgenommen, oder nackt und dir Kleidung gegeben? Und wann haben wir dich krank oder im Gefängnis gesehen und sind zu dir gekommen? Darauf wird der König ihnen antworten: Amen, ich sage euch: Was ihr für einen meiner geringsten Brüder getan habt, das habt ihr mir getan.

M8 Impuls aus dem Islam

© pixabay/tdjgordon

Aus der Kairoer Erklärung der Menschenrechte im Islam von 1990

Artikel 1

[...]

b) Alle Menschen sind Gottes Untertanen und er liebt diejenigen am meisten, die seinen übrigen Untertanen am meisten nützen; niemand hat Vorrang vor einem anderen, es sei denn aufgrund der Gläubigkeit und guter Taten.

Artikel 2

a) Das Leben ist ein Geschenk Gottes, und das Recht auf Leben ist jedem Menschen garantiert. Es ist die Pflicht des Einzelnen, der Gesellschaft und des Staates, dieses Recht zu schützen und es ist verboten, Leben zu nehmen, es sei denn aus einem von der Scharia vorgeschriebenen Grund.

b) Es ist verboten, zu Mitteln zu greifen, die zur Vernichtung der Menschheit führen könnten.

c) Der Schutz des menschlichen Lebens für die von Gott gewährte Lebensdauer ist eine von der Scharia vorgeschriebene Pflicht.

d) Der Schutz vor Körperverletzung ist ein garantiertes Recht. Es ist die Pflicht des Staates, dieses Recht sicherzustellen, und es ist verboten, es ohne einen in der Scharia vorgeschriebenen Grund zu brechen.

Englischer Originaltext: Office of the United Nations High Commissioner for Human Rights, Human Rights (1997): A Compilation of International Instruments, Vol. II, Regional Instruments, New York/Geneva, S. 478–484. Übersetzung aus dem Englischen: Martina Boden, Winsen/Aller für: Bundeszentrale für politische Bildung (2004): Menschenrechte. Dokumente und Deklarationen (Schriftenreihe Band 397). Bonn, S. 562–567. Abdruck mit freundlicher Genehmigung der Bundeszentrale für politische Bildung.

M9 Saubere Handys?!

Hält ein Handy sechs statt drei oder noch weniger Jahren, kann es in der Anschaffung teurer sein und sich am Ende trotzdem auszahlen. Eine Handyreparatur braucht keine neuen Rohstoffe und hilft damit auch der Umwelt. Das »sauberste« Mobiltelefon ist ein Second-Hand-Handy.

Unternehmen können sich einen *Verhaltenskodex* auferlegen, der die Qualität der Produktionsbedingungen vorschreibt. Dies ist aber nur sinnvoll, wenn alle Teile und auch alle Zuliefererbetriebe kontrolliert werden – von der Gewinnung der Rohstoffe an.

Werden Handys *recycelt*, sind die wertvollen Metalle darin nicht verloren. Noch ist die Wiederaufbereitung schwierig. Trotzdem gibt es schon von verschiedenen Hilfswerken Sammelaktionen, um das Thema bekannt zu machen.

Weil Arbeitsbedingungen in der Regel schlecht bleiben, wenn niemand dagegen protestiert, werden in vielen Ländern Gewerkschaften und Betriebsräte verhindert. Organisationen wie die Internationale Arbeitsorganisation (ILO) versuchen *Arbeitnehmerrechte weltweit* zu *stärken.*

© pixabay/HebiPics

Staaten können mit *Gesetzen* vorschreiben, welche Güter in ihr Land eingeführt werden dürfen. Die EU könnte verbieten, dass Güter und Produkte, die unter unfairen Bedingungen hergestellt wurden, eingeführt werden.
Welche wirtschaftlichen Wirkungen dies hätte, ist unklar. Und zu überwachen wäre eine solche Regelung nur, wenn alle Produktionsschritte kontrolliert würden.

Vollkommen faire Elektronik-Produkte sind noch selten. Auflistungen von Firmen, die zeigen, ob und wie sehr eine Firma bei sich selbst und bei ihren Zulieferern auf Arbeistbedingungen und Umweltschutz achtet *(Firmenrankings),* können Käufern Orientierung bieten und Druck auf die Firmen ausüben.

Es ist fraglich, ob Menschen in der Handyproduktion geholfen ist, wenn wir gar keine Handys kaufen. Dass Handys in Entwicklungsländern produziert werden, wird auch als Entwicklungshilfe betrachtet. Arbeiterinnen und Arbeitern ist nicht geholfen, wenn es ihre Arbeit nicht gibt.

Produziert wird das, was wir Konsumenten kaufen. Was wir kaufen hat daher Einfluss darauf, wie produziert wird. Das ist das Prinzip des *Faire Trade* oder *Fairen Handels.* »Fair« steht für gerechte und menschenwürdige Arbeitsbedingungen. Seit 2013 gibt es einen niederländischen Non-profit-Hersteller für Handys, der versucht, seine gesamte Zuliefererkette zu kontrollieren und so ein fair produziertes Handy herzustellen. Das zeigt, dass faire Elektronik-Produkte möglich sind und übt so Druck auf die großen Hersteller aus. Besonders wirksam ist Fair Trade, wenn große Abnehmer fair einkaufen. Neben Firmen sind das auch öffentliche Einrichtungen. So verbot sich zum Beispiel die Stadt München 2003 grundsätzlich den Einkauf von Produkten aus ausbeuterischer Kinderarbeit. Lieferfirmen müssen entsprechende Zertifikate vorlegen.

Auf dem Bau sind alle gleich – oder nicht?

Simone Hiller und Markus Neff

Die Anforderungssituation

Der Arbeitsalltag von Jan (Azubi), Max (Azubi und Sohn des Inhabers), Mirjam (Azubi) und Herbert (einem altgedienten Hilfsarbeiter) ist bereits von Spannungen beeinträchtigt – nun sollen die vier unter der Leitung von Jan den Betrieb bei einer Leistungsschau vertreten … Wie kann das gut gehen?

Das Modul geht von der Beobachtung aus, dass Auszubildende gerade in kleineren Handwerksbetrieben schnell Teil eines Tandems oder Teams werden müssen, das z. B. von Hierarchie-, Kompetenz-, Alters- und Geschlechtsunterschieden geprägt ist. Kommunikationskompetenz bekommt dadurch berufspraktische Bedeutung. Rollenfindung und Teamarbeit sowie die kritische Auseinandersetzung mit diesbezüglichen Handlungsweisen von Vorgesetzten, Lehr(inne)n und Kolleg(inne)n werden relevant. Die Herausforderungen der Arbeitswelt geben den Anstoß dafür, die eigenen und fremden Handlungsmuster und Einstellungen (Werte) auf ihre Grundlegung, aber auch Praxistauglichkeit hin zu überprüfen, auszuprobieren und ggf. zu korrigieren. Durch die Wahrnehmung dieser Aspekte von Persönlichkeitsbildung und sozialem Lernen soll der Religionsunterricht zu einer »verantworteten Berufsausübung und Lebensgestaltung und damit auch reiferen Persönlichkeit« beitragen (vgl. Bildungsplan, 92, Abschnitt 2.1.1.1).

Das Modul geht von einem Grundzug des biblisch-christlichen Menschenbildes aus, der gegen Ende des Moduls auch mit den Schülerinnen und Schülern explizit thematisiert wird: die grundsätzliche Wertschätzung und Achtung jedes Menschen als Abbild seines Schöpfers, auch wenn der andere in der ihm aufgegebenen Freiheit, diese gegenüber seinen Mitmenschen nicht ebenso aufzubringen vermag.

Die Anforderungssituation in der beispielhaft angeführten Berufsgruppe der Anlagenmechaniker für Sanitär-, Heizungs- und Klimatechnik (die für die Verwendung in anderen Ausbildungsgängen leicht umzuformulieren ist) kann für eine Vielzahl an Themen Ausgangspunkt sein. Die vorliegenden Materialien legen den Schwerpunkt auf Kommunikationskompetenz sowie den Umgang mit Konflikten. Anschlussfähig bzw. ausbaubar sind Fragestellungen zu Anpassung und Widerstand, Mobbing am Arbeitsplatz, Vorurteilen und Vorbehalten, Geschlechtergerechtigkeit u. a. m.

Möglicher Ablauf

Um nicht vorschnell auf die Ebene vermeintlich einfacher Lösungen zu gelangen, verzögern die Materialien eine (Auf-)Lösung der Anforderungssituation und setzen auf ein vertieftes Wahrnehmen der Rollen- und Kommunikationsmuster sowohl innerhalb der dargestellten Situation als auch bei den Schülerinnen und Schülern selbst. Daher kann die Selbsteinschätzung auch als erster Teil der Bearbeitung vor die Anforderungssituation gestellt werden.

Evtl. muss zu Beginn durch einen Vergleich mit technischen Problemlösungsstrategien (Problemanalyse als erster Schritt) deutlich gemacht werden, dass sich auch bei Kommunikations- und Gruppenprozessen durch eine genaue, methodisch unterstützte Wahrnehmung weiterführendere Lösungen erarbeiten lassen.

Mögliche Materialien

Einstieg (Film)

Zum Einstieg in das Themenfeld »Gruppe und Kommunikation« kann der 1990 Oscar-prämierte Kurzfilm *Balance* gezeigt werden: Fünf Figuren suchen nach Balance auf einer frei schwebenden Ebene. Eine geangelte Truhe bringt zusätzlichen Konfliktstoff und führt nach dem Absturz von Vieren letztlich zu einer stabilen, aber dennoch ungelösten Situation. Der Film sollte über Medienstellen beziehbar sein; es gibt auch Versionen im Internet (z. B. https://www.youtube.com/watch?v=7wJj58aLvdQ, Zugriff am 26.05.2015). Eine Arbeitshilfe des Katholischen Filmwerks ist verfügbar unter: http://www.materialserver.filmwerk.de/arbeitshilfen/balance_ah.pdf (Zugriff am 08.03.2015).

Im Filmgespräch kann der Fokus auf die Verhaltensmuster im Umgang der Figuren miteinander und die Formen der Kommunikation gelegt werden. Die wortlose Kommunikation des Filmes und die gleichzeitig die Abhängigkeit der Figuren deutlich machende Plattform kann als Darstellung des ersten Kommunikationsaxioms von Paul Watzlawick gedeutet werden: »Man kann nicht nicht kommunizieren« (www.paulwatzlawick.de, Zugriff am 13.05.2015; hier finden sich auch Kommentierungen und Beispiele). Dieser Satz formuliert das Thema für die folgenden Stunden.

M1 Selbsteinschätzung: Ich und die anderen

Die Selbsteinschätzung des eigenen Verhaltens in Kommunikationssituationen dient als Anregung für die zu bearbeitenden Themen im Modul und kann natürlich erweitert und differenziert werden. Der Test zielt nicht auf Persönlichkeitstypen o. ä.; die Ergebnisse müssen daher nicht vor- oder zusammengetragen werden. Ist in der Klasse ein vertrauensvoller Umgang miteinander gewährleistet, kann statt einer Einzelarbeit mit Fragebogen auch eine Aufstellung der Schülerinnen und Schüler im Klassenzimmer anhand einer räumlichen Intensitätsskala erfolgen. Dadurch entsteht eine (nonverbale) Kommunikationssituation, die reflektiert werden sollte.

A Auf dem Bau

Die Situation sollte hinsichtlich der Personen und ihrer Beziehungen zueinander aufgearbeitet werden. Eine gemeinsame Erarbeitung kann mithilfe von Moderationskarten an der Tafel geschehen. Hierbei darf auch (begründet) spekuliert werden, um ein Verständnis für die Situation und Motivation aller Protagonisten zu erlangen. Zunächst geht es im Sinne der Wahrnehmungsschulung darum, die unterschiedlichen Beziehungsgeflechte darzustellen. Um nicht zu stark zu lenken, empfiehlt es sich die Unterscheidung der Beziehungsarten »beruflich« und »privat« erst dann vorzunehmen, wenn alle Verbindungslinien eingezeichnet und beschriftet sind.

○ Mit schwächeren Schülerinnen und Schülern kann die Situation anschaulicher werden, indem die Schülerinnen und Schüler exemplarische Beispieldialoge zur Situation im Betrieb Firma Franz Schmidt & Söhne erstellen.

□ Für stärkere Schülerinnen und Schüler kann nach der Analyse der Beziehungen in A das zweite Axiom nach Watzlawick eingebracht werden und es kann in der Klasse diskutiert werden, ob dieses Axiom nachvollziehbar ist: »Jede Kommunikation hat einen Inhalts- und einen Beziehungsaspekt, wobei letzterer den ersten bestimmt.«

Ein Beispiel aus der Anforderungssituation könnte sein: Herbert wertet Mirjams Arbeit ab, weil er auf der Beziehungsebene ein Problem mit Frauen im Handwerk hat (wobei seine Anmachsprüche auf weitere Problemebenen in der Beziehung zu Frauen schließen lassen). Danach können in der Personenkonstellation die Beziehungssituationen gekennzeichnet werden, bei denen eine schwierige Kommunikation auf der Inhaltsebene aufgrund der Beziehungsebene vermutet wird.

M2 Nichtverstehen als Normalfall der Kommunikation? (+ Übung Treppenbild)

Kommunikationskompetenz entsteht nicht ohne Kommunikationspraxis. Dazu dient eine Übung, die mithilfe elementarer Aussagen aus den Theorien zur Kommunikation reflektiert wird, um die Vielschichtigkeit von Kommunikation zu erschließen.

Mögliche Beobachtungen bei der Reflexion können sein: Es gibt keine zwei identischen Treppenbilder – dieselben Begriffe lösen Bilder aus, die sich nicht entsprechen müssen – über diese unterschiedlichen Bilder wird aber normalerweise nicht gesprochen – mit Bildern ist mehr als nur der sie auslösende Begriff verbunden (z. B..: Erinnerungen an Treppen von zu Hause, Arbeit, Urlaub … – Darstellung der Treppe abhängig vom Ausbildungsberuf) – Bilder sind immer mit Emotionen verbunden, sind emotionale Botschaften bei denen der persönliche und kulturelle Hintergrund eine Rolle spielt – bei Begriffen läuft immer im Kopf ein Film im Hintergrund ab.

Nach dem Klassengespräch wird mit M2 ausgehend vom Sender-Empfänger-Modell und dem darauf basierenden (bearbeiteten) Konrad Lorenz-Zitat das Besprochene vertieft und festgehalten. Dazu wird das Bild der Treppe als abfallende Stufenfolge des Verstehens vom Sender (100 % der Botschaft) zum Empfänger (30 % der Botschaft) aufgegriffen. Die Schülerinnen und Schüler ordnen die Begriffe aus dem Zitat den Stufen der Leiter zu (meinen; sagen; hören; verstehen).

M3 Käfig der Vermutungen (+ Übung zum aktiven Zuhören)

Der »Käfig der Vermutungen« bietet ein Instrument zur Vertiefung der Kommunikationsanalyse. Er berücksichtigt die Interpretationen und Emotionen, die eine Aussage beim Empfänger bewirkt, und berücksichtigt, dass dies die Reaktion des Empfängers als neuem Sender beeinflusst.

Alternativ kann auf das bekannte Modell der vier Schnäbel und vier Ohren von Friedemann Schulz von Thun zurückgegriffen werden.

Die Arbeit mit dem Modell kann durch eine Kommunikationsübung zum aktiven Zuhören ergänzt werden:

- Schüler(in) A (= Sender(in)): Macht eine alltägliche Aussage.
- Schüler(in) C1 (= Beobachter(in) der Aussage): Hört auf die (Sach-)Aussage und formuliert möglichst neutral (wie ein »Roboter«), was A gesagt hat.
- Schüler(in) C2 (= Beobachter(in) der Interpretation): Sucht nach sinnvollen Interpretationen und formuliert sie.

- Schüler(in) C3 (= Beobachter(in) der Emotionen): Hört zu und beobachtet bei sich selbst, was er zur Aussage denkt und fühlt; formuliert seine Gefühle.
- Schüler(in) B (= Empfänger(in)): Hört allen zu und erklärt A, was er verstanden hat.

Übung Grenzen ziehen

Kommunikation hat nicht nur verbale Aspekte, sondern zum Beispiel auch körperliche. In einer Übung können die Schülerinnen und Schüler lernen, eigene und fremde Nähe-Grenzen wahrzunehmen sowie Unbehagen bzw. Zustimmung auszudrücken. Die Übung wurde leicht adaptiert von Ina Schubart übernommen:

- Zur Vorbereitung werden die Tische zur Seite geräumt, damit ein möglichst großer begehbarer Raum in der Mitte der Klasse entsteht. Danach gibt die Leiterin [oder der Leiter] der Übung einige Anweisungen zur Bewegung im Raum. Jeder Bewegung wird dabei ausreichend Zeit eingeräumt:
- durcheinander durch den Raum gehen
- stoppen und weitergehen
- ganz langsam gehen, bewusst Schritt für Schritt, dazwischen stehenbleiben
- normal gehen
- im Vorbeigehen grüßen
- sich paarweise zusammenfinden

Nun werden zwei Reihen, die einander gegenüberstehen, gebildet. Aus dieser Position werden folgende Anweisungen zur Durchführung erteilt:

- »Gehen Sie ganz langsam Schritt für Schritt aufeinander zu.«
- *an die Schüler(innen) der rechten Seite:* »Signalisieren Sie Ihrem Gegenüber, wann ein guter Abstand erreicht ist und sagen Sie *Stopp!*, wenn er/sie zu nahe kommt.«
- *an die Schüler(innen) der linken Seite:* »Gehen Sie bewusst einen Schritt weiter.«
- *rechte Seite:* »Welchen Impuls verspüren Sie jetzt? Was passiert mit Ihnen, wenn Ihre Grenze überschritten wird?«

Danach wechseln die Seiten: Jede(r) macht beide Erfahrungen – Grenzen überschreiten und die eigene Grenze wird überschritten.

- *an alle:* »Tauschen Sie sich darüber aus, wie Sie die beiden Situationen erlebt haben.«

Ina Schubart: Grenzen ziehen, wahrnehmen, überschreiten … Methoden zur Bewusstmachung und Übung, in: BRU Magazin 56/2012, S. 30–31.

Die Übung kann fortgesetzt werden, indem die Schülerinnen und Schüler eine von der Lehrperson definierte Grenze verhandeln; außerdem können sie üben, dem Gegenüber erfolgreich zu vermitteln, dass er/sie die Grenze akzeptiert.

Die gesamte Übung sollte abschließend reflektiert werden. Dazu kann auch der Arbeitsauftrag dienen, aufgrund der eigenen Erfahrungen einen Verhaltenskodex für die Auszubildenden aus A zu erstellen.

Wenn es sich anbietet (z. B. wenn Frauen und Männer in der Klasse sind), kann bereits darauf eingegangen werden, ob es geschlechtsspezifische Unterschiede gibt. Ergebnisse können dauerhaft auf einem Plakat festgehalten werden.

M4 Mann und Frau im Betrieb

Häufig beeinflussen Geschlechter-Aspekte die Kommunikation. Stichworte dazu sind »Stutenbissigkeit« ebenso wie »Flirts«, »echte Männer«, »Frauen-/Männergespräche« oder das »schwache Geschlecht«. Das Thema wird durch das vorgeschlagene Material nur angeschnitten, indem über die Rolle von sowie positive und negative Vorurteile über Frauen im Handwerk gesprochen wird.

Alternativ oder ergänzend kann die Thematik anhand des kurzen Dokumentarfilms *Frau am Bau* von Tamina Nitschmann erarbeitet werden, in dem eine Zimmerin vorgestellt wird: http://www.tv-suedbaden.de/mediathek/tag/frauenquote/, Zugriff am 13.05.2015.

M5 Eine Grundlage für das Handeln

Dieses Material führt anhand eines Unternehmens-Leitbildes christliche Glaubensinhalte als Grundlage für berufliches Handeln ein. Die Vorstellungen im Leitbild können nur eingeschränkt in einen direkten Zusammenhang mit den Kommunikationsanalysen der vorangehenden Materialien gestellt werden. Die Arbeit mit dem Leitbild zielt deshalb allgemein auf einen gelingenden Umgang miteinander in hierarchischen beruflichen Kontexten und führt damit zurück zu A.

M5 kann für sich oder mit Blick auf die in A beschriebene Firma *Franz Schmidt & Söhne* bearbeitet werden.

Hilfestellungen für Jan (Wiederaufnahme von A)

Nach dieser ausführlichen Erarbeitung kann die Anforderungssituation wieder aufgegriffen werden, indem nun konkrete Verhaltensvorschläge für Jan erarbeitet werden.

Wiederaufnahme der Selbsteinschätzung (M 1)
Am Ende der Einheit kann der Selbsteinschätzungsbogen M1 nochmals aufgenommen werden, um mit den Lernenden über einen möglichen Kompetenzzuwachs zu reflektieren und sie für ihre eigene Entwicklung zu sensibilisieren.

Literatur

Ministerium für Kultus, Jugend und Sport Baden-Württemberg: Bildungsplan für alle beruflichen Schulen. [...] Evangelische Religionslehre. Katholische Religionslehre. 26. August 2003, http://www.ls-bw.de/bildungsplaene/beruflschulen/bs/alle/BS-Allg-Faecher_Kath-Religionslehre_03_2003.pdf (Zugriff am 13.05.2015).

Ina Schubart: Grenzen ziehen, wahrnehmen, überschreiten ... Methoden zur Bewusstmachung und Übung, in: BRU Magazin 56/2012, S. 30–31.

Mögliche Arbeitsaufträge im Überblick

M 1 Selbsteinschätzung: Ich und die anderen

- Füllen Sie den Selbsteinschätzungsbogen für sich aus.
- Finden Sie für drei Situationen passende Beispiele, die Sie selbst erlebt haben.
- Markieren Sie mit Sternchen, wo Sie Ihre Stärken sehen. Erklären Sie anhand einer Situation, die Sie mit Sternchen markiert haben, inwiefern Sie darin eine Stärke sehen.
- Bewahren Sie Ihre Selbsteinschätzung für später auf.

- Füllen Sie den Selbsteinschätzungsbogen für sich aus.
- Vergleichen Sie Ihre Selbsteinschätzung mit einem Partner. Tauschen Sie sich über Unterschiede in Ihrer Selbsteinschätzung aus und überlegen Sie gemeinsam, wie sich diese Unterschiede in Ihrem Alltag auswirken.
- Bewahren Sie Ihre Selbsteinschätzung für später auf.

- Positionieren Sie sich auf einer Einschätzungslinie im Klassenzimmer zu den einzelnen Situationen.
- Begründen Sie Ihre Positionierung anhand einer Beispielsituation.
- Reflektieren Sie, ob Sie gern etwas an dieser Positionierung ändern möchten.
- Reflektieren Sie, ob ein Ausfüllen des Fragebogens in Einzelarbeit, ohne dass die anderen etwas davon mitbekommen, zu anderen Ergebnissen geführt hätte.

A Erarbeitung der Anforderungssituation und Situationsüberblick

- Benennen Sie alle Personen aus der Anforderungssituation.
- Beschreiben Sie, in welcher Beziehung die Personen zueinander stehen: Ziehen Sie Verbindungslinien zwischen den Personen und beschriften Sie die Linien entsprechend.
- Unterscheiden Sie mit zwei verschiedenen Farben die beiden Beziehungsarten: persönliche Beziehung/ berufliche Beziehung.
- Formulieren Sie in einem kurzen Dialog eine beispielhafte Alltagsszene in der Firma Franz Schmidt & Söhne. Die folgenden Satzanfänge können Ihnen helfen: »Max sagt …« »Mirjam antwortet …« »Herbert denkt …« »Jan reagiert, indem …«

- Tragen Sie die Personen in einem Schaubild ein und zeigen Sie durch Verbindungslinien an, in welcher Beziehung die Personen zueinander stehen. Unterscheiden sie anschließend berufliche von persönlichen Beziehungen.

- Tragen Sie die genannten Personen in einem Schaubild ein und veranschaulichen Sie, in welchem Verhältnis die Personen zueinander stehen. Welche unterschiedlichen Arten von Beziehungen sind erkennbar?

- Die zweite Grundannahme von Paul Watzlawick, dem Psychotherapeuten und Kommunikationswissenschaftler, lautet: »Jede Kommunikation hat einen Inhalts- und einen Beziehungsaspekt, wobei letzterer den ersten bestimmt.« Finden Sie in der Anforderungssituation ein Beispiel dazu und erläutern Sie es.
- Markieren Sie in der Personenkonstellation zur Anforderungssituation alle Situationen, in denen Sie eine problembehaftete Inhalts- oder Beziehungsebene vermuten, mit einem Gewitterblitz.

M2 Nichtverstehen als Normalfall der Kommunikation?

- Stellen Sie sich eine Treppe vor. Berücksichtigen Sie dabei die folgenden Fragen: Wo haben Sie eine solche Treppe schon gesehen? Welche Räume verbindet diese Treppe? Aus welchem Material ist die Treppe? Wer benutzt die Treppe regelmäßig oder nur ab und zu? Zeichnen Sie diese Treppe auf ein leeres Blatt (ohne sich dabei an Ihrem Nachbarn zu orientieren).
- Erläutern Sie Ihrem Partner Ihr Bild. Betrachten Sie das Bild Ihres Partners, hören seiner Erläuterung zu und stellen Sie ihm Fragen zu seiner Treppe.
- Teilen Sie mit, was Ihnen beim Vergleich der Treppenbilder aufgefallen ist.
- Ordnen Sie die Begriffe aus dem Zitat den Stufen der abfallenden Treppe zu.
- Erläutern Sie die Darstellung.

M3 Käfig der Vermutungen

- Entnehmen Sie aus dem Text, warum der »Käfig der Vermutungen« eine wichtige Ergänzung für ein Kommunikationsmodell ist.
- Beschriften Sie den Käfig mit folgenden Begriffen: Sender, Empfänger, Interpretation/Deutung, Gefühl/Emotion.

- Zeichnen Sie für das folgende Beispiel den »Käfig der Vermutungen«:
- Mirjam: »Herbert, lass diese frauenfeindlichen Aussagen doch einfach sein!«
- Herbert: »Mit so was muss man als Frau im Handwerk klarkommen!«

- Zeichnen Sie den »Käfig der Vermutungen« für ein Beispiel aus der Anforderungssituation.

- Zeichnen Sie den »Käfig der Vermutungen« für eine Kommunikationssituation aus Ihrem Alltag.

Übung Grenzen ziehen

- Formulieren Sie aufgrund Ihrer Erfahrungen in der Übung Verhaltensregeln für die Auszubildenden aus der Anforderungssituation.

M4 Mann und Frau im Betrieb

- Benennen Sie die Inhalte, um die es in dem Interview geht. Formulieren Sie dann eine alternative Überschrift für das Interview.
- Arbeiten Sie aus dem Text heraus: Welche Rolle spielen Frauen im Handwerk? Welche Rolle spielen sie in der Handwerkerorganisation ZDH?
- Arbeiten Sie heraus, auf welche Vorurteile (positiv wie negativ) sich der Präsident des ZDH im Interview stützt.

- Notieren Sie Ihre eigenen Erfahrungen als Frau/mit Frauen in Ihrem Betrieb. Nehmen Sie davon ausgehend Stellung zu den Vorurteilen.
- (Zum Dokumentarfilm): Beobachten Sie: Wie beschreibt sich die Protagonistin selbst als Frau im Zimmererhandwerk? Wie haben andere sie wahrgenommen? Was war für sie schön, was war für sie schwierig? Wie ist sie mit den schwierigen Fragen umgegangen?
- Nehmen Sie Stellung: Andrea Rist kann ihren Beruf so problemlos ausüben, weil sie selbständig ist und damit ihre eigene Chefin!

M5 Eine Grundlage für das Handeln

- Arbeiten Sie heraus, welche Glaubensinhalte als Begründung für die Vorstellungen zur Zusammenarbeit genannt werden.
- Beschreiben Sie, wie sich der Caritasverband die Zusammenarbeit der Mitarbeiterinnen und Mitarbeiter vorstellt.
- Beurteilen Sie: Welche Vorstellungen aus dem Leitbild finden Sie sinnvoll? Was würden Sie anders formulieren?

- Beschreiben Sie, wie sich der Caritasverband die Zusammenarbeit der Mitarbeiterinnen und Mitarbeiter vorstellt.
- Arbeiten Sie heraus, welche Glaubensinhalte als Begründung für die Vorstellungen zur Zusammenarbeit genannt werden.
- Beurteilen Sie, ob es Jan helfen würde, wenn der Betrieb Franz Schmidt & Söhne dieses Leitbild hätte.

- Beschreiben Sie, wie sich der Caritasverband die Zusammenarbeit der Mitarbeiterinnen und Mitarbeiter vorstellt.
- Setzen sie die Vorstellungen des Caritasverbandes in Beziehung zu verschiedenen Aspekten von Kommunikation, die Sie kennen gelernt haben.
- Arbeiten Sie heraus, welche Glaubensinhalte als Begründung für die Vorstellungen zur Zusammenarbeit genannt werden.
- Beurteilen Sie, ob das Leitbild hinsichtlich von konkreten Kommunikationssituationen hilfreich ist.
- Formulieren Sie ausgehend von diesem Beispiel ein Leitbild für Ihren Betrieb oder den Betrieb Franz Schmidt & Söhne aus A.

Hilfestellungen für Jan (Wiederaufnahme von A)

- Jan ist sich unsicher, wie er das Team bei der Leistungsschau gut zusammenhalten kann, wenn die Kommunikation zwischen Einzelnen wieder einmal entgleist. Konkret stellt er sich zum Beispiel diese beiden Wortwechsel vor:
- a) Max zu Jan: »Was spielst du dich hier auf wie der Chef? Von dir lass ich mir nicht sagen, wie ich den Betrieb meiner Familie bei einer Leistungsschau präsentieren soll! Erst recht nicht, wo du selbst gar nicht in einem Betrieb aufgewachsen bist!«
- b) Herbert zu Mirjam: »Ach schau an, unsere Prinzessin. Muss alles wieder ganz genau machen. Dabei läuft uns doch die Zeit davon!«
- Analysieren Sie die Situationen jeweils mithilfe von zwei Instrumenten der Kommunikationsanalyse (z. B. Treppe vom Sender zum Empfänger, »Käfig der Vermutungen«, Wahrnehmen körperlicher Grenzen, Geschlechter-Aspekte, christliches Leitbild eines Unternehmens).
- Zeigen Sie in einem Rollenspiel, wie Jan gelungen mit der Situation umgehen könnte.

- Beschreiben Sie die Herausforderung, vor die Jan sich gestellt sieht.
- Arbeiten Sie aus A konkrete Kommunikationssituationen heraus, die sich während der Leistungsschau zwischen einzelnen Personen ergeben könnten und die eine der beteiligten Personen als schwierig empfinden könnte.
- Analysieren Sie eine besonders schwierige erwartete Situation mithilfe von zwei Methoden aus der Kommunikationsanalyse (z. B. Treppe vom Sender zum Empfänger, »Käfig der Vermutungen«, Wahrnehmen körperlicher Grenzen, Geschlechter-Aspekte, christliches Leitbild eines Unternehmens).
- Formulieren Sie konkrete Hinweise an Jan, wie er sich in der von Ihnen analysierten Situation gelungen verhalten könnte.

- Beschreiben Sie die Herausforderung, vor die Jan sich gestellt sieht.
- Arbeiten Sie aus A konkrete Kommunikationssituationen heraus, die sich während der Leistungsschau zwischen einzelnen Personen ergeben könnten und die eine der beteiligten Personen als schwierig empfinden könnte.
- Analysieren Sie die Situationen mithilfe einer Kommunikationsanalyse (z. B. Treppe vom Sender zum Empfänger, »Käfig der Vermutungen«, Wahrnehmen körperlicher Grenzen, Geschlechter-Aspekte, christliches Leitbild eines Unternehmens).
- Formulieren Sie konkrete Hinweise an Jan, wie er sich in der von Ihnen analysierten Situation gelungen verhalten könnte.

Wiederaufnahme der Selbsteinschätzung (M 1)

- Füllen Sie den Selbsteinschätzungsbogen mit einer anderen Farbe erneut aus. Vergleichen Sie Ihre Selbsteinschätzungen am Ende der Einheit mit denen vom Beginn der Einheit.
- Reflektieren Sie Veränderungen: Empfinden Sie die Veränderungen als positiv? Worin liegen die Gründe für die Veränderungen?

A Auf dem Bau

Jan (19) kommt nach dem Sommer in sein drittes Ausbildungsjahr als Anlagenmechaniker für Sanitär-, Heizungs- und Klimatechnik bei der Firma *Franz Schmidt & Söhne Haustechnik* in Dengenbach.

Mit Franz Schmidts Frau in der Buchhaltung gilt der Betrieb als solides Familienunternehmen am Ort und hat sieben weitere Angestellte, darunter Max (17), den Sohn des Inhabers. Max lernt im ersten Ausbildungsjahr ebenfalls Anlagenmechaniker und da er und Jan immer in den gleichen Wochen Berufsschulunterricht haben und gemeinsam zur Schule fahren, hat sich eine Freundschaft zwischen beiden entwickelt, obwohl Jan aus einem Nachbarort kommt.

Die dritte Auszubildende, Mirjam (17), ist die erste Frau, die eine technische Ausbildung im Betrieb macht und kommt aus der Kreisstadt, wo auch die Berufsschule ist. Mirjam ist auch im ersten Ausbildungsjahr.

Dann ist da noch Herbert (39), der schon dabei ist, seit es noch ein Zwei-Mann Betrieb war. Obwohl Herbert als Lehrling damals die Ausbildung abgebrochen hat, ist er so etwas wie die rechte Hand des Chefs. Er hat viel handwerkliche Erfahrung, auf die der Chef baut. Aber er ist technisch nicht immer auf dem aktuellsten Stand und lässt sich auch wenig sagen. Und Herbert hat ein Problem mit Frauen im Handwerk: Schon öfter hat Jan beobachtet, wie Herbert auf Baustellen an der Arbeit von Frauen anderer Firmen rumnörgelte, meist grundlos, oder mit Anmachsprüchen sogar aufdringlich wurde.

Mirjam gegenüber verhält er sich nicht besser und als sie sich einmal beim Chef beschwert, meint dieser nur: »Mit so was muss man als Frau im Handwerk klarkommen!«

Jan findet vor allem das Verhalten Mirjam gegenüber unmöglich, hat sich bisher aber nicht getraut etwas dagegen zu sagen, wenn er mit Herbert unterwegs war. Max, der Mirjam ganz nett findet, schaut immer beschämt zur Seite, wenn Herbert einen Spruch in ihre Richtung macht.

Eine kaufmännische Angestellte, ein weiterer Meister und ein Geselle gehören noch zum Betrieb.

Nach den Sommerferien findet eine von der Handwerkskammer organisierte Leistungsschau statt, auf der Ausbildungsbetriebe Lehrlinge in einer Art Wettkampf zu bestimmten technischen Aufgabenstellungen ihres Ausbildungsberufes in Viererteams gegeneinander ins Rennen schicken. Der Chef hat Jan aufgrund seiner sehr guten Leistungen im Betrieb und der Schule dazu ausgewählt das »Schmidt«-Team zu führen. Zu diesem Team gehören außer Jan noch Max, Mirjam und Herbert, der, weil ohne Berufsabschluss, als »Hilfsarbeiter« das Viererteam vervollständigen darf.

Jan ist über diese Aufgabe nicht glücklich. Er traut sich zwar handwerklich die Herausforderung zu, ist sich aber unsicher wie er das Team führen soll und vor allem wie er mit Herbert umgehen soll, wenn dieser denkt, er weiß alles besser, oder sogar irgendwelche Sprüche gegen Mirjam bringt.

M 1 Selbsteinschätzung: Ich und die anderen

Kreuzen Sie spontan (ohne langes Nachdenken) an, ob die Sätze voll, etwas, weniger oder gar nicht für Sie zutreffen.	Trifft voll zu	Trifft etwas zu	Trifft weniger zu	Trifft gar nicht zu
Mir fällt es leicht mit anderen ins Gespräch zu kommen.				
Ich schaffe es schnell andere von meiner Meinung zu überzeugen.				
Je mehr Widerstand ich in einem Gespräch spüre, umso mehr will ich meine Meinung durchsetzen.				
Ich kann die Meinung anderer gut stehen lassen, auch wenn ich anderer Meinung bin.				
Ich höre mir immer alles an und bilde mir dann meine Meinung.				
Ich habe oft das Gefühl, dass bei den anderen nicht ankommt, was ich meine, wenn ich etwas sage.				
Wenn mir etwas unklar ist, frage ich gleich nach.				
Mir ist wichtig zu wissen, was andere über mich denken.				
Ich finde es wichtig zu wissen, was der/die andere sich dabei denkt, wenn er/sie mir etwas sagt.				
Lösungen, die gemeinsam gefunden wurden, sind besser als die Ideen einzelner.				
Bei Konflikten in Gruppen ziehe ich mich lieber zurück.				
Ich bemühe mich darum, dass in Gruppen alles gerecht zugeht und jeder zu seinem Recht kommt.				
Ich fordere immer als Erste(r) eine Klärung von Konflikten ein.				
Wenn es nicht gegen mich geht, sind mir Konflikte egal.				
Ich möchte mit allen gut auskommen.				
Ich habe es schnell raus, wer in einer Gruppe welche Rolle hat.				
In Konflikten reagiere ich schnell gereizt.				
Ich kann gut zwischen unterschiedlichen Meinungen vermitteln.				

M 2 Nichtverstehen als Normalfall der Kommunikation?

gemeint ist noch nicht *gesagt*
gesagt ist noch nicht *gehört*
gehört ist noch nicht *verstanden*
verstanden ist noch nicht *einverstanden*

(in Anlehung an Konrad Lorenz)

x

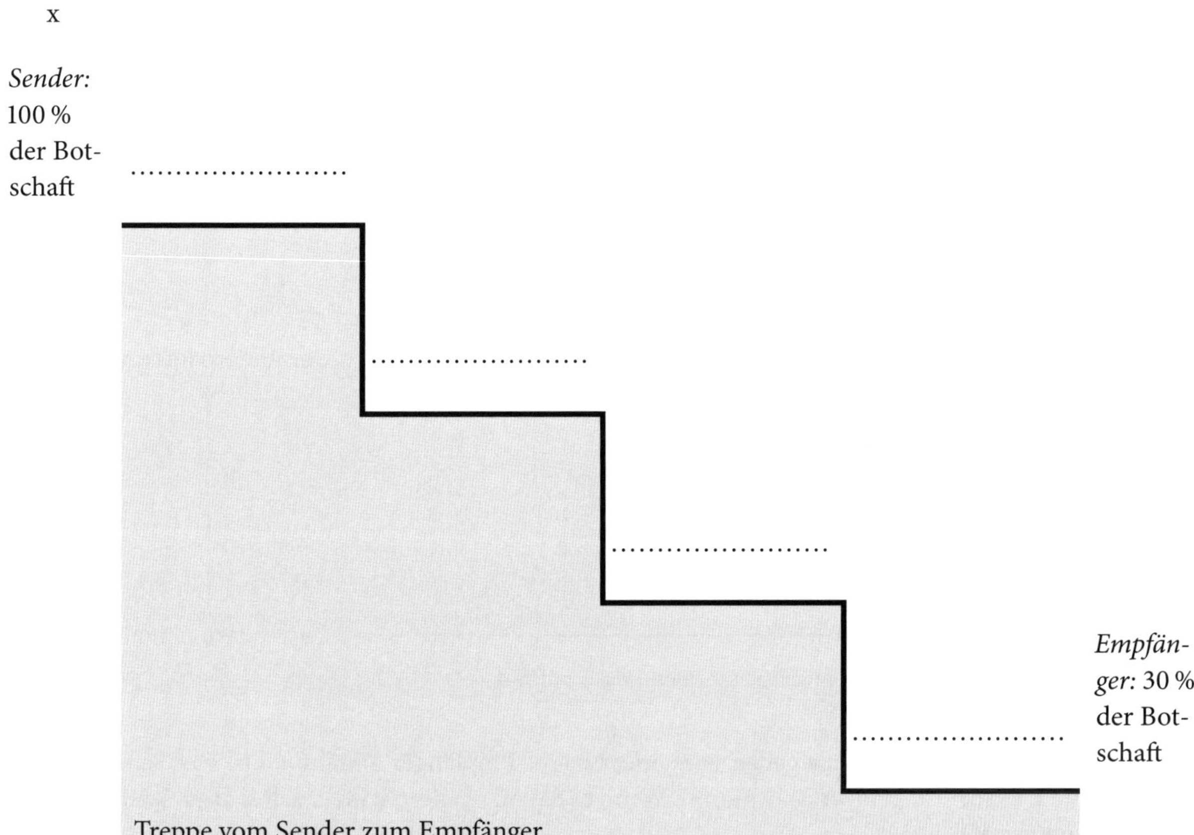

M3 Käfig der Vermutungen

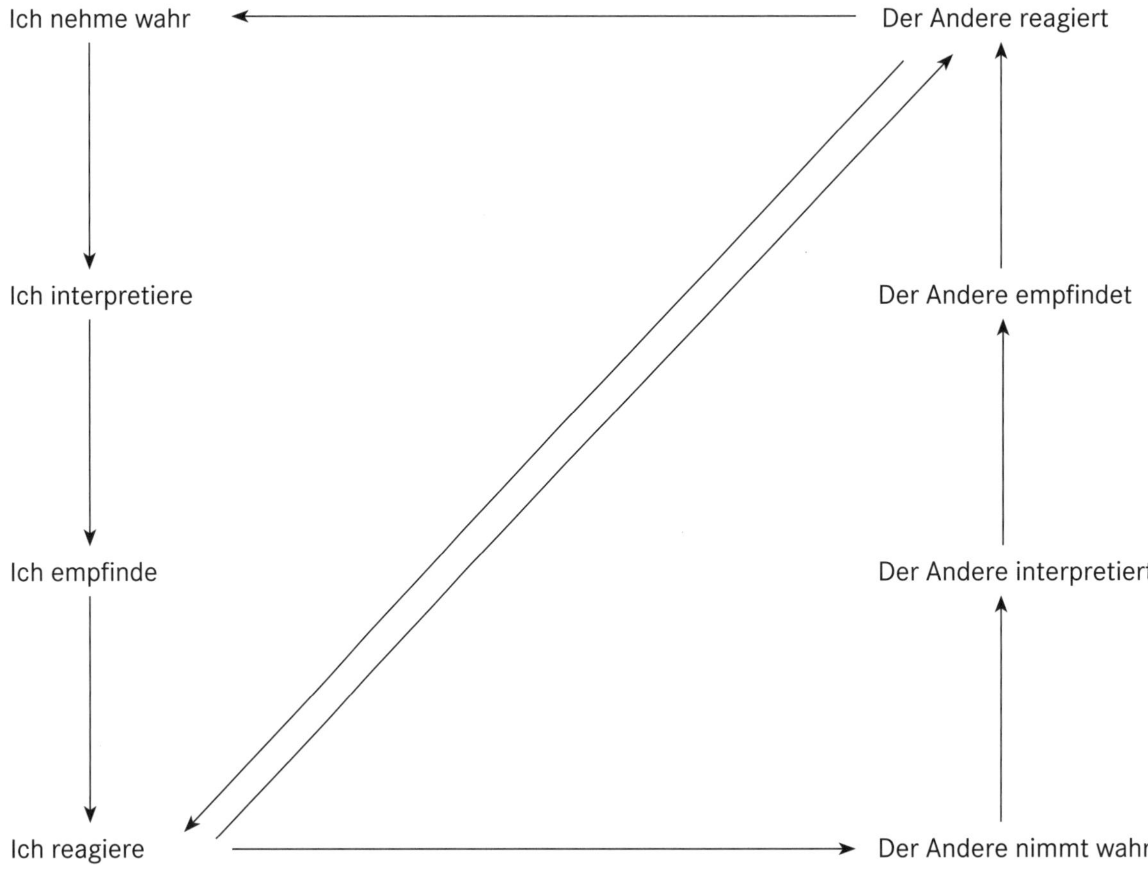

Aus: http://www.keb-drs.de/fileadmin/downloads/themen-kreativ.pdf, S. 4

Gängige Kommunikationsmodelle gehen von einer Sender-Empfänger Situation aus: Der Sender sendet eine Botschaft, die der Empfänger wahrnimmt. Wenn er darauf reagiert, wird er selbst zum Sender und der Sender zum Empfänger.
Dabei kommen der Interpretations- und der Emotions-Anteil (= der Deutungs- und der Gefühls-Anteil) zu kurz: Wenn ich eine Botschaft höre, interpretiere ich sie und entwickle ein Gefühl dazu. Meine Reaktion ist durch diese beiden Zwischenschritte geprägt. Der »Käfig der Vermutungen« berücksichtigt bei der Analyse von Kommunikationssituationen Deutungen und Gefühle.

M4 Mann und Frau im Betrieb

handwerk magazin vom 01.01.2005
Interview mit dem Präsidenten des Zentralverbandes des Deutschen Handwerks (ZDH), Otto Kentzler

© pixabay/skeeze

Frauen erobern Handwerk

handwerk magazin: Das Handwerk ist gegen eine gesetzliche Frauenquote. Warum?

Otto Kentzler: Im Handwerk dominieren inhabergeführte Betriebe, da macht eine Frauenquote keinen Sinn. Drei Viertel unserer Unternehmen sind allerdings Familienbetriebe – da reden die Frauen mit. Entweder als mitarbeitende Ehefrau oder Partnerin, immer häufiger auch offiziell als kaufmännische Chefin und Personalverantwortliche.

handwerk magazin: Keine Quote, trotzdem wirbt das Handwerk massiv um weiblichen Nachwuchs. Zeigt das Wirkung?

Otto Kentzler: Wir können es uns nicht erlauben, auf das Potenzial gut ausgebildeter Frauen zu verzichten. Die Zahl der weiblichen Azubis ist in den vergangenen 20 Jahren von 20 auf 27 Prozent geklettert, die Meisterinnen machen mittlerweile über 20 Prozent eines Jahrgangs aus, Anfang der 90er Jahre waren es nur elf Prozent. Unternehmensneugründungen werden zu einem Viertel von Frauen vorgenommen. Das wollen wir weiter verstärken.

handwerk magazin: Die Handwerksorganisation [hier: der ZDH] ist nach wie vor von Männern dominiert. Woran liegt das?

Otto Kentzler: Das Ehrenamt ist auch eine Zeitfrage. Frauen müssen Unternehmensführung und Familie verbinden, für weiteres Engagement bleibt da oft nicht die Zeit. Angesichts der zunehmenden Zahl von erfolgreichen Unternehmerinnen wird sich das künftig ändern.

www.handwerk-magazin.de

M 5 Eine Grundlage für das Handeln

Aus dem Leitbild der Mitarbeiterinnen und Mitarbeiter des Caritasverbandes der Diözese Rottenburg-Stuttgart

Worauf unser Handeln gründet

Grundlage unseres Handelns ist die Botschaft Jesu, dass Gott sich in Liebe aller Menschen annimmt und ihr Heil will. In der barmherzigen Zuwendung zu Menschen in Not und in Solidarität mit ihnen wird der biblische Auftrag zur Nächstenliebe erfüllt. Wir versuchen[...] diesen Auftrag heute umzusetzen. [...] Nach christlichem Verständnis ist jeder Mensch ein einmaliges Geschöpf Gottes – sein Ebenbild. [...]

Biblische Propheten haben deutlich gemacht, dass Gott selbst Anwalt der Armen ist. Sie haben durch ihre unmissverständliche Kritik die aktuellen Ursachen von Ungerechtigkeit benannt und beklagt. Sie waren solidarisch mit den schwachen und ausgegrenzten Menschen. In dieser Tradition beobachten und bewerten wir gesellschaftliche Zustände und Entwicklungen. Wir weisen deutlich auf herrschende Missstände und deren Ursachen hin. Damit stellen wir uns bewusst in das Spannungsfeld von gesellschaftlicher Realität und der Vision vom Reich Gottes. [...]

Wie wir zusammenarbeiten

Wir verwirklichen Dienstgemeinschaft, indem wir eine Atmosphäre vertrauensvoller und kollegialer Zusammenarbeit schaffen

Der Vorstand gibt Ziele vor und setzt Rahmenbedingungen. Die Mitarbeiterinnen und Mitarbeiter werden an den ihr Arbeitsfeld betreffenden Ziel- und Entscheidungsfindungen beteiligt. Klare Aufgabenbeschreibung mit Delegation von Kompetenzen und Verantwortung räumen ihnen Selbstständigkeit und Eigenverantwortung ein. Die Initiative und Motivation der Mitarbeiterinnen und Mitarbeiter wird gestützt und gefördert.

Die leitenden Mitarbeiterinnen und Mitarbeiter praktizieren einen partizipativen Führungsstil. [...]

Unsere Arbeit erfordert gleichermaßen fachliche Eignung und soziale Kompetenz.

Die Mitarbeiterinnen und Mitarbeiter und die Führungskräfte qualifizieren sich regelmäßig durch Aus-, Fort- und Weiterbildung.

Wir nutzen die Möglichkeiten theologischer und pastoraler Begleitung für unsere persönliche und religiöse Weiterentwicklung.

Wir bringen Engagement, Kreativität, konstruktive Kritik und eigenverantwortliches Handeln in unsere Arbeit ein. Die dafür notwendigen Foren werden eingerichtet.

Mit unserer Arbeit wollen wir für Glaubwürdigkeit, Kompetenz, Innovation und Zuverlässigkeit stehen.

Salafisten hosten? Ein ethischer Konflikt in IT-Berufen

Aggi Kemmler

Anforderungssituation

Wie gehe ich als Auszubildende(r) damit um, wenn in meinem Betrieb Dienstleistungen erbracht oder Dinge produziert werden, mit denen ich mich persönlich nicht identifiziere oder, stärker noch, die ich ethisch nicht vertreten kann, die vielleicht sogar rechtswidrig sind?

Diese berufsethischen Grundfragen sind Grundlage für die Anforderungssituation in diesem Modul.[1] Es richtet sich im Schwerpunkt an Auszubildende zum bzw. zur Fachinformatiker(in) Anwendungsentwicklung, Fachinformatiker(in) Systemintegration und IT-Systemkaufmann bzw. Informatikkauffrau (im Folgenden kurz: IT-Berufe): Salafisten erteilen einer Firma den Auftrag zum Hosten einer Internetseite. »Hosten« meint das Unterbringen von Informationen oder Werbung im Internet. Realer Anlass für die entworfene Situation sind die zunehmenden Werbeaktionen von Salafisten in deutschen Innenstädten, bei denen z. B. Koranausgaben verteilt werden. Aber auch die neuen Medien werden intensiv genutzt: »Der Salafismus entfaltet seine Breitenwirkung vor allem durch das Internet« (Bundesamt für Verfassungsschutz und Landesbehörden für Verfassungsschutz, S. 13). Laut Bundesamt für Verfassungsschutz sind die Webseiten salafistischer Prägung »mehrsprachig, multimedial und grafisch aufwändig gestaltet. Es sind längst nicht mehr nur salafistische Vereine und Moscheegemeinden, die derartige Webpräsenzen unterhalten. Immer mehr Einzelpersonen richten eigene da'wa-Seiten ein, die sie wiederum untereinander verlinken« (Bundesamt für Verfassungsschutz, S. 13).

Als Gesellschaft sind wir herausgefordert, uns mit dieser islamistischen Gruppierung auseinanderzusetzen, die als »bundesweit die am schnellsten wachsende extremistische Bestrebung« gilt (NRW Innenminister Ralf Jäger), und ihr zu begegnen. »Die Verfassungsschutzbehörden stellen fest, dass der Salafismus überall dort wächst, wo sich junge Menschen – seien es die Nachkommen muslimischer Migranten, seien es Konvertiten – auf der Suche nach Antworten auf die Fragen nach Identität, Zugehörigkeit und dem Sinn im Leben befinden und unter den Einfluss salafistischer Prediger oder entsprechender Inhalte im Internet geraten« (Bundesamt für Verfassungsschutz, S. 15). Der Religionsunterricht kann und muss hier einen Beitrag zur Aufklärung und Prävention leisten.

Auch für berufliche Handlungsfelder ist dieses gesellschaftliche Phänomen relevant. Betriebe, die Werbematerial für Salafisten gestalten, entwerfen, drucken oder ins Netz stellen, stehen vor der ethischen Herausforderung, ob sie als Dienstleister für diese Gruppierung tätig sein wollen oder ob sie sich vielleicht sogar strafbar machen, wenn sie dies tun. So hat z. B. im Jahr 2012 eine Druckerei den Druck von Koranausgaben für eine salafistische Aktion gestoppt (Die Welt, 13.06.2012).

Auszubildende in IT-Berufen können mit der Situation konfrontiert werden, dass ihr Betrieb einen Auftrag von Salafisten oder einer dem Salafismus zugeneigten Person erhält und entscheiden muss, wie er mit dem Auftrag umgeht. Auszubildende sind in der Regel keine Entscheidungsträger, d. h. sie werden die Entscheidung über die Annahme und ggf. Gestaltung des Auftrags nicht selbst treffen. Sie können sich aber eine Meinung dazu bilden und eventuell werden sie am Entscheidungsprozess beteiligt. Didaktisch gewendet heißt dies, dass die Auszubildenden in dieser Anforderungssituation die Rolle von teilnehmenden Beobachtern einnehmen (Reich, S. 173).

Erwartete Lerngruppe

In den Ausbildungsgängen der IT-Berufe befinden sich überwiegend Schülerinnen und Schüler, die über die Allgemeine Hochschulreife oder über die Fachhochschulreife im Informationstechnischen Bereich verfügen. Ein paar Auszubildende verfügen bereits über Hochschulstudienerfahrungen. Insofern kann bei einem Großteil der Lernenden von einem hohen Grad an Selbständigkeit bei der Beschaffung, Erschließung und Aufbereitung von Informationen, einem guten Textverständnis und guter Argumentationsfähigkeit ausgegangen werden. Einige benötigen Unterstützung in Form von strukturierenden Hilfen. Die Lernenden zeigen in der Regel ein überdurchschnittliches Interesse an religiösen, ethischen und gesellschaftlichen Fragen und Herausforderungen, wobei sie hier gerne die Rolle der Beobachter einnehmen.

Entsprechend der erwarteten Lerngruppe ist die Fähigkeit selbständigen Lernens auf hohem Niveau Ausgangspunkt für die vorgeschlagenen Materialien und Arbeitsaufträge △. Es werden jedoch Hilfen für die Lernenden angeboten, die z. B. bei der Beschaffung und Selektion und Bewertung von Informationen Unterstützung benötigen ○.

Teilweise gibt es auch Angebote für besonders leistungsstarke Lernende □.

Kompetenzen und fächerübergreifende Kooperation

Für die Bewältigung der Anforderungssituation benötigen die Auszubildenden die Kompetenz, salafistische Äußerungen als Artikulation einer islamistischen Bewegung wahrzunehmen und zu identifizieren, sie zu deuten und einzuordnen in den Kontext von Islamismus und Extremismus und vom Islam abzugrenzen. Sie müssen in der Lage sein, die Bewegung im Rahmen rechtsstaatlicher Prinzipien und ethischer Grundsätze zu beurteilen. Außerdem sind sie ggf. gefordert, an einem Entscheidungsprozess über Annahme und ggf. Gestaltung eines Auftrags mitzuwirken. Schwerpunktmäßig werden die Auszubildenden also in ihrer Urteils- und Entscheidungskompetenz gefördert. Auf den Gegenstandsbereich der Auseinandersetzung mit religiös-fundamentalistischen Tendenzen in der Gesellschaft bezogen bedeutet dies konkret, sie in der Kompetenz zu fördern, vor dem Hintergrund des christlichen Menschenbilds fundamentalistische Positionen in Religionen zu erkennen, sie zu bewerten und im beruflichen Handlungsfeld auf derartige Erscheinungen reagieren zu können.

Die Anforderungssituation ist schwerpunktmäßig beruflicher Art, da eine berufsethische Entscheidung getroffen wird. Es werden aber in hohem Maß auch Kompetenzen für den gesellschaftlichen und privaten Lebensbereich entwickelt, indem sich die Lernenden über befreiende und unfrei machende Formen von Religion vergewissern, über Toleranz und Grenzen von Toleranz nachdenken und ihr Menschenbild reflektieren.

Die Bewältigung der Anforderungssituation legt eine Kooperation mit dem Fach Politik nahe. Die rechtlichen Aspekte, inwiefern Salafisten gegen rechtsstaatliche Prinzipien verstoßen, sollten in diesem Fach erarbeitet werden.

Anwendung auf andere Ausbildungsberufe

Die Materialien des Moduls sind in leicht abgewandelter Form auch im Religionsunterricht bei gestaltungstechnischen Berufen einsetzbar. Die Anforderungssituation muss dann auf den entsprechenden Beruf hin abgestimmt und umgeschrieben werden. Bei Mediengestaltern könnte der Auftrag lauten, die Internetseite oder eine Infobroschüre zu gestalten, bei Drucktechnikern eine Broschüre zu drucken.

Möglicher Ablauf

Die vorgeschlagenen Arbeitsaufträge und Materialien sind auf einen Zeitumfang von ca. 10–12 Unterrichtsstunden angelegt.

Die Anforderungssituation wird sinnvollerweise in Anlehnung an die Phasen der vollständigen Handlung bearbeitet (Ott, S. 205). Das bedeutet, dass die Anforderungssituation insofern offen gehalten ist, als dass sie kein Produkt und auch keinen bereits definierten Auftrag enthält; dieser soll mit den Auszubildenden erarbeitet werden. Dazu gehen sie in den sechs Phasen der vollständigen Handlung vor: 1) informieren, 2) planen, 3) entscheiden, 4) ausführen, 5) kontrollieren und 6) beurteilen.

Geübte Lerngruppen formulieren sich abgeleitet aus dem Ergebnis aus der Analysephase selbst einen Auftrag △□ (vgl. Schritt 3). In Lerngruppen, die im Umgang mit Anforderungssituationen ungeübt sind, kann man die Situation erweitern, z. B. um den folgenden Auftrag: Die Chefin bittet die beiden, zu recherchieren und sie über die Gruppe zu informieren, da sie ihr irgendwie suspekt vorkomme (vgl. Situationserweiterung) ○.

Mögliche Materialien

A Lucky-LAN und die Salafisten

M1 Mögliche Analyse und Bewertung der Motive

Die Lernenden analysieren die Anforderungssituation, indem sie die beteiligten Akteure und deren Motive herausarbeiten. Zunächst werden die beteiligten Akteure im Plenum gesammelt, dann werden arbeitsteilige Arbeitsgruppen gebildet, die sich mit jeweils einem Akteur beschäftigen. Der Staat wird dabei als passiver Akteur mitberücksichtigt. Die Bearbeitung der Situation aus der Perspektive des Staates heraus sollte jedoch im Fach Gesellschaftslehre/Politik erfolgen. Die Motive generieren die Lernenden einerseits aus der Situation, andererseits unter Reaktivierung betriebswirtschaftlicher Kenntnisse. Die Ergebnisse werden im Plenum gesammelt, am Whiteboard visualisiert und in der Gesamtschau analysiert. Dabei treten mögliche Interessenskonflikte und Dilemmata zutage. Eine mögliche Analyse der Anforderungssituation ist in M1 dargestellt.

M2 Herausforderungen für Sabrina und Patrick

Die Hauptperspektive, aus der heraus die Situation im Religionsunterricht bewältigt werden soll, ist diejenige von Sabrina und Patrick. Deshalb wird die Bewältigung der Situation mithilfe von M2 aus ihrer Sicht geplant:

Mögliche Ergebnisse:

- *Das Material sichten und prüfen, ob es einen salafistischen Hintergrund hat.*
- *Prüfen, ob es Elemente enthält, die einer (christlichen) Unternehmensethik entgegenstehen.*
- *Das Material prüfen im Hinblick auf Elemente, die auf einen Hintergrund hinweisen, der rechtswidrig sein könnte.*
- *Eine eigene Meinung entwickeln zu der Frage, ob das Unternehmen die Seite veröffentlichen sollte.*

Lernprodukt festlegen

Nun legen die Lernenden Lernprodukte fest, die auch als Grundlage für die Leistungsbewertung dienen.

Mögliche Ergebnisse:

- *eine Simulation der mündlichen Information und eine begründete Stellungnahme mit Stichwortzettel im Büro der Chefin*
- *eine Checkliste für zukünftige Aufträge: Merkmale religiös-extremistischer Gruppierungen*

Davon ausgehend formulieren die Lernenden die Kenntnisse, die sie sich erarbeiten müssen und legen die Arbeitsschritte fest, z. B.

- Kenntnisse über Salafisten erarbeiten
- überprüfen, ob das Material den Salafisten zuzuordnen ist
- Merkmale der Salafisten erarbeiten, die einer Annahme des Auftrags entgegenstehen könnten
- Elemente christlicher Unternehmensethik erarbeiten
- ein eigenes Urteil fällen und begründen
- einen Stichwortzettel für die Präsentation der Informationen vor der Chefin erstellen
- eine Checkliste erstellen mit Merkmalen religiös-extremistischer Gruppierungen

M3 Das Material des Auftraggebers
M4 Was ist islamistischer Fundamentalismus?
M5 Stellungnahme der Türkisch-Islamischen Union (DITIB)
M6 Unternehmensethik

Die Lernenden erarbeiten sich die notwendigen Kenntnisse über die Salafisten, z. B. anhand der Broschüre: Bundesamt für Verfassungsschutz und Landesbehörden für Verfassungsschutz, Salafistische Bestrebungen in Deutschland, Köln 2012. Die Broschüre steht als Download im Internet zur Verfügung (http://www.verfassungsschutz.de/de/oeffentlichkeitsarbeit/publikationen/pb-islamismus, Zugriff am 28.05.2015).

Hierzu formulieren sie zunächst Erschließungsfragen, die sie dann in Gruppenarbeit bearbeiten, visuell aufbereiten und sich gegenseitig vorstellen. Sie diskutieren anschließend im Plenum die Einordnung des Materials des Auftraggebers (M3) als salafistisches Gedankengut. Sie kommen zu einem ersten Urteil zu der Frage, was für die Annahme des Auftrags sprechen würde und was dagegen. Sie notieren relevante Informationen für den Stichwortzettel. □ Sehr leistungsstarke Schüler benötigen für den Stichwortzettel keine Vorstrukturierung. Sie sind in der Lage, sich selbst eine Struktur zu erarbeiten, die dem bearbeiteten Material und der Situation (Hilfe für ein Statement bei der Chefin) gerecht wird. ○ Die leistungsschwächeren Schüler bekommen eine Struktur vorgegeben. Sie erleichtert ihnen auch den Umgang mit dem Material der Broschüre und die Selektion der Informationen. △ Mit den anderen Lernenden kann die Struktur im Unterricht erarbeitet werden.

Die Lernenden nehmen nun einen Perspektivwechsel vor. Sie erarbeiten aus der Perspektive der Chefin von *Lucky-LAN* unternehmensethische Prinzipien, die für die Chefin handlungsleitend sein könnten. Dazu sammeln sie zunächst vermutete Prinzipien aus ihrer Interpretation der Situation heraus. Sie ergänzen bzw. modifizieren diese anhand von M6.

M7 Stichwortzettel
M8 Beobachtungsbogen

Die Lernenden präsentieren ihre Ergebnisse in Form eines simulierten Gesprächs zwischen der Chefin von *Lucky-LAN* sowie Sabrina und Patrick.

Die Lernenden geben sich auf der Grundlage des Beobachtungsbogens (M8) ein Feedback.

M9 Reflexionsbogen

Die Lernenden überprüfen, inwiefern die Anforderungssituation bewältigt ist. Dabei nehmen sie die Ergebnisse aus der Analysephase zu Hilfe. Sie formulieren ggf. weiteren Lern-/Informationsbedarf. Sie beurteilen, inwiefern die angewandten Methoden und verwendeten Materialien hilfreich waren, die Situation zu bewältigen (M9).

Arbeitsergebnisse sichern und in neuen Zusammenhängen anwenden

Je nachdem, welcher Schwerpunkt in der Bearbeitung der Situation durch die Lerngruppe gesetzt wurde, bietet es sich hier an, sich von der Situation zu lösen und die Relevanz der in der Situation erarbeiteten Aspekte für andere Kontexte und Situationen deutlich zu machen. Dies kann z. B. durch die Diskussion folgender Themen geschehen:

- frei machende und unfrei machende Formen von Religion
- Grenzen der Religionsfreiheit
- der »Reiz« religiös-extremistischer Gruppierungen
- die ethische Verantwortung des Unternehmers/der Unternehmerin für sein/ihr (IT-)Produkt

[1] Das hier vorgestellte Modul basiert auf einem Unterrichtskonzept, das von Joachim Koke am Berufskolleg Ostvest in Datteln (NRW) erprobt wurde.

Literatur

Biesinger, Albert/Kemmler, Aggi/Schmidt, Joachim: Religiöse Kompetenz – ein Definitionsangebot, in: Albert Biesinger u. a. (Hg.), Kompetenzorientierung im Religionsunterricht an berufsbildenden Schulen, Münster/New York 2014, S. 19–26

Bundesamt für Verfassungsschutz und Landesbehörden für Verfassungsschutz: Salafistische Bestrebungen in Deutschland, Köln 2012, http://www.verfassungsschutz.de/de/oeffentlichkeitsarbeit/publikationen/pb-islamismus/broschuere-2012-04-salafistische-bestrebungen (Zugriff am 13.05.2015)

Jäger, Ralf (NRW-Innenminister) am 19.05.2014, zitiert in: RP ONLINE, http://www.rp-online.de/nrw/panorama/salafisten-ralf-jaeger-korrigiert-zahl-der-gewaltbereiten-anhaenger-nach-oben-aid-1.4252028 (Zugriff am 13.05.2015)

Khoury, Adel Theodor/Hageman, Ludwig/Heine, Peter: Islam-Lexikon. Geschichte, Ideen, Gestalten, Directmedia, Berlin 2004; Digitale Bibliothek Band 47

Ott, Bernd: Grundlagen des beruflichen Lernens und Lehrens. Ganzheitliches Lernen in der beruflichen Bildung, Berlin ³2007

Reich, Kersten: Konstruktivistische Didaktik. Lehr- und Studienbuch mit Methodenpool, Weinheim/Basel ³2006

Mögliche Arbeitsaufträge im Überblick

A Lucky-LAN und die Salafisten

○

- Erarbeiten Sie mögliche Motive, die den Ihnen zugewiesenen Akteur in der Situation bewegen.
- Was möchte er/sie erreichen?
- Was sind seine/ihre Beweggründe?
- Was sind seine/ihre ethischen Prinzipien?
- Welche inneren und/oder äußeren Konflikte muss er/sie bewältigen?

△

- Erarbeiten Sie mögliche Motive, die den Ihnen zugewiesenen Akteur in der Situation bewegen.

□

- Erarbeiten Sie mögliche Motive, die den Ihnen zugewiesenen Akteur in der Situation bewegen. Wenn Sie mit der Analyse des Ihnen zugewiesenen Akteurs fertig sind, entwerfen Sie am Whiteboard die Matrix für ein Schaubild, mit dem die Gruppenergebnisse gesammelt werden können.

M1 Mögliche Analyse und Bewertung der Motive: Einsatz bei Bedarf
M2 Herausforderungen für Sabrina und Patrick

⬡

- Beschreiben Sie die Herausforderungen, vor denen Patrick und Sabrina stehen, um die Situation zu bewältigen.

○

- Die Chefin bittet Sabrina und Patrick, zu recherchieren und sie über die Gruppe zu informieren, da sie ihr irgendwie suspekt vorkomme. Sie werden diese Recherche in den kommenden Stunden selbst durchführen. Erstellen Sie am Ende eine Präsentation über Salafisten, die die beiden Ihrer Chefin präsentieren könnten.

△ □

- Entwickeln Sie Ideen für ein Produkt, das verdeutlicht, wie die Situation bewältigt werden kann.
- Formulieren Sie die Kenntnisse, die Sie zur Erstellung Ihres Produktes erarbeiten müssen.
- Legen Sie die Arbeitsschritte fest.

M3 Das Material des Auftraggebers

⬡

- Arbeiten Sie aus der Broschüre des Verfassungsschutzes (http://www.verfassungsschutz.de/de/oeffentlichkeitsarbeit/publikationen/pb-islamismus/broschuere-2012-04-salafistische-bestrebungen) heraus, mit welchen Strategien und Mitteln sich die Salafisten für ihre Ziele einsetzen.

M4 Was ist islamistischer Fundamentalismus?

○

- Arbeiten Sie anhand des Materials Merkmale des islamischen Fundamentalismus heraus und beurteilen Sie, inwiefern Salafisten Fundamentalisten sind.

△

- Reaktivieren Sie Ihre Kenntnisse zu Merkmalen des religiösen Fundamentalismus. Beurteilen Sie, inwiefern Salafisten Fundamentalisten sind.

□

- Beurteilen Sie, welche Handlungen und Denkweisen im Widerspruch zum Islam stehen, wie er z. B. von der DITIB (Dachverband der türkischen Moscheegemeinden) vertreten wird. Nutzen Sie hierzu das Lexikon des Islam und M5.

⬡

- Stellen Sie Merkmale der unterschiedlichen salafistischen Gruppierungen zusammen und beurteilen Sie, welche Gruppierungen »gefährlich« für unsere Gesellschaft werden könnten.

M5 Stellungnahme der Türkisch-Islamischen Union (DITIB): Einsatz bei □ und bei Bedarf ⬡

M6 Unternehmensethik

○

- Nennen Sie unter Rückgriff auf Ihre Kenntnisse aus dem Fach Wirtschaft unternehmerische Ziele.
- Erarbeiten Sie anhand des Materials ethische Prinzipien, die bei der Produktion von Gütern und Dienstleistungen für christliche Unternehmer(innen) handlungsleitend sind.

△

- Erarbeiten Sie anhand des Materials ethische Prinzipien, die bei der Produktion von Gütern und Dienstleistungen für christliche Unternehmer(innen) handlungsleitend sind.

□

- Erarbeiten Sie anhand des Materials ethische Prinzipien, die bei der Produktion von Gütern und Dienstleistungen für christliche Unternehmer(innen) handlungsleitend sind.
- Arbeiten Sie heraus, wie diese Prinzipien begründet werden.

⬡

- Beurteilen Sie, inwiefern unternehmerische Ziele christlichen unternehmensethischen Prinzipien entgegenstehen.
- Arbeiten Sie Gemeinsamkeiten und Unterschiede zu den vermuteten Prinzipien heraus, die für die Chefin von Lucky-LAN handlungsleitend sind. Wie sind diese zu erklären?
- Diskutieren Sie: Inwiefern lassen sich die erarbeiteten Prinzipien auf Unternehmen aus der IT-Branche wie Lucky-LAN anwenden?
- Beurteilen Sie: Wie wäre mit dem Auftrag aus der Anforderungssituation A aus christlich-unternehmensethischer Perspektive umzugehen?

M7 Stichwortzettel

⬡

- Präsentieren Sie Ihre Ergebnisse in Form eines Rollenspiels. Die beteiligten Akteure sind die Chefin von Lucky-LAN sowie Sabrina und Patrick. Benutzen Sie dabei den Stichwortzettel.

M8 Beobachtungsbogen

- Notieren Sie Ihre Beobachtungen zu dem Rollenspiel mithilfe der folgenden Zeichen:
  ++ trifft voll zu
  \+ trifft teilweise zu
  – trifft eher nicht zu
  – – trifft gar nicht zu
- Erläutern und begründen Sie im Anschluss an das Rollenspiel in einem Feedback-Gespräch mit den Rollenspieler(inne)n Ihre Einschätzungen.

M9 Reflexionsbogen

- Notieren Sie in Einzelarbeit Ihre Eindrücke von der Unterrichtsreihe. Benutzen Sie dabei die Ergebnisse der Analyse der Situation zu Beginn der Unterrichtsreihe (M 1) und unseren Handlungsplan mit den Arbeitsschritten.
- Tauschen Sie sich zunächst in Partnerarbeit, dann im Plenum über Ihre Eindrücke aus. Treffen Sie Vereinbarungen über die Weiterarbeit.

A *Lucky-LAN* und die Salafisten

© panthermedia/auremar

Sabrina und Patrick haben vor einem Dreivierteljahr ihre Ausbildung zum Fachinformatiker bzw. zur Fachinformatikerin bei der Firma *Lucky-LAN* begonnen. Zu Beginn der Woche kommt es im Pausenraum zu einem Gespräch. Die Chefin berichtet, dass *Lucky-LAN* den Auftrag bekommen hat, für einen Kunden einen Internetauftritt mit religiösem Inhalt aufzubereiten und entsprechend zu betreuen. Sie habe schon einen Teil des zu veröffentlichenden Materials bekommen. Aber irgendwie komme ihr das komisch vor, sie habe kein so gutes Gefühl. »Ich bin ja tolerant und natürlich an jedem Auftrag interessiert, aber irgendwo gibt es Grenzen. Ob wohl Salafisten dahinterstecken, von denen man in der letzten Zeit häufig hört?« Sie fragt Sabrina und Patrick, ob sie es sich mal anschauen wollen.

Situationserweiterung:

»Ich muss mich wohl entscheiden, ob ich den Auftrag nicht doch ablehne. Können Sie bitte mal für mich recherchieren, wer hinter diesem Material steckt und ob das irgendwie problematisch sein könnte? Kommen Sie in mein Büro, wenn Sie damit fertig sind.«

Sabrina und Patrick sichten sofort das Material. Patrick ist sehr irritiert. »Guck mal Sabrina. Können wir so etwas veröffentlichen?« Sabrina hingegen versteht das Problem nicht. »Ich weiß nicht, was du hast. Auftrag ist Auftrag. Wenn wir uns Gedanken über die Inhalte jeder Homepage machen wollen, die wir hosten, dann ist der Betrieb bald pleite und wir können uns einen neuen Ausbildungsplatz suchen.«

M 1 Mögliche Analyse und Bewertung der Motive

Akteur	Motive	Bewertung und Fragen
Chefin	- Umsatzsteigerung durch Gewinnung eines neuen Kundenkreises → Sicherung von Marktanteilen → Sicherung der Arbeitsplätze - evtl. ethische Bedenken wegen des Inhalts - evtl. rechtliche Bedenken wegen des Inhalts; Angst vor rechtlichen Konsequenzen - evtl. Furcht um den Ruf ihres Unternehmens - Der Auftrag kann aus ihrer Sicht nur angenommen werden, wenn ethische und rechtliche Aspekte dem nicht entgegenstehen	innerer Konflikt zwischen ökonomischen Interessen und ↕ ethischen Grundsätzen bzw. rechtlichen Konsequenzen Die Frage ist, welche ethischen Prinzipien zugrunde liegen und welche Inhalte den inneren Konflikt auslösen.
Auftraggeber	- möchte für seine Gruppierung werben, sie bekannter machen - Mitglieder werben, mehr Zielgruppen erreichen, auch jüngere Menschen	zunächst legitimes Motiv Die Frage ist, ob die Ziele der Gruppierung und der Inhalt der zu hostenden Homepage ethisch und rechtlich vertretbar sind.
Patrick	- spontane (ethische? rechtliche?) Bedenken, das Material zu veröffentlichen - möchte den Rechercheauftrag der Chefin gut ausführen	ethische und/oder rechtliche Bedenken stellen ein starkes Gewicht dar Die Frage ist, wie schwer die ethischen und rechtlichen Bedenken wiegen und inwiefern die Bedenken gerechtfertigt sind.

Sabrina	– teilt die Bedenken zunächst nicht: sieht sich nicht in der Verantwortung für die gehosteten Inhalte – fürchtet evtl. um ihren Ausbildungsplatz	Unternehmensziel Sicherheit des Arbeitsplatzes wird höher bewertet als die ethische Verantwortung für den Inhalt der Homepage Die Frage ist, ob unternehmerisches Handeln und Handeln nach ethischen Prinzipien einander entgegenstehen.
Der Staat	– Er steht für den Schutz der freiheitlich-demokratischen Grundordnung. Er verfügt über die Mittel, diese durchzusetzen. Er hat dafür zu sorgen, dass Menschenrechte gewahrt werden. Dazu gehört auch das Recht auf freie Religionsausübung. Seine Aufgabe ist es außerdem, durch Gesetzgebung und Einsatz staatlicher Macht die Gesellschaft vor Kräften, die der freiheitlich-demokratischen Grundordnung entgegenstehen, zu schützen.	Vorrangiges Ziel: Gesellschaftlicher Frieden, Schutz des Individuums Die Frage ist, wieviel Toleranz soll geübt werden? Ab wann muss die staatliche Macht eingreifen? Ist die Chefin verpflichtet, den Auftrag abzulehnen und/oder ihren Auftraggeber anzuzeigen?

M 2 Herausforderungen für Sabrina und Patrick

M3 Das Material des Auftraggebers

»Wie kann ich als Muslim ein anderes System akzeptieren als Allahs System? […] Also Dinge, die gegen die Scharia sind, die lehnen wir ab und die Scharia kommt von unten und nicht von oben. […] Also ich wünsche, dass Allahs Scharia weltweit herrscht. Denn das ist unser Schöpfer, der uns erschaffen hat und uns seine Gebrauchsanweisung im Koran herabgesandt hat.«

(Prediger Ibrahim Abou-Nagie in einem Radiointerview, ausgestrahlt am 24. Mai 2012)[1]

»Wir glauben, dass die Scharia […] die Religion des Islam ist […] die durch keine andere Religion angenommen werden darf. […] wer immer die Zulässigkeit einer anderen […] Religion […] behauptet, wie Judentum, Christentum und so weiter, [ist] ein Ungläubiger […]. Wenn er nicht bereut, muss er als Murtadd [Apostat] getötet werden.«

Auszug aus dem Text »Der Glaube«: Der Glaube des Muslims, abrufbar unter: www.as-sunnah.de. Abgerufen am 03.10.2008.

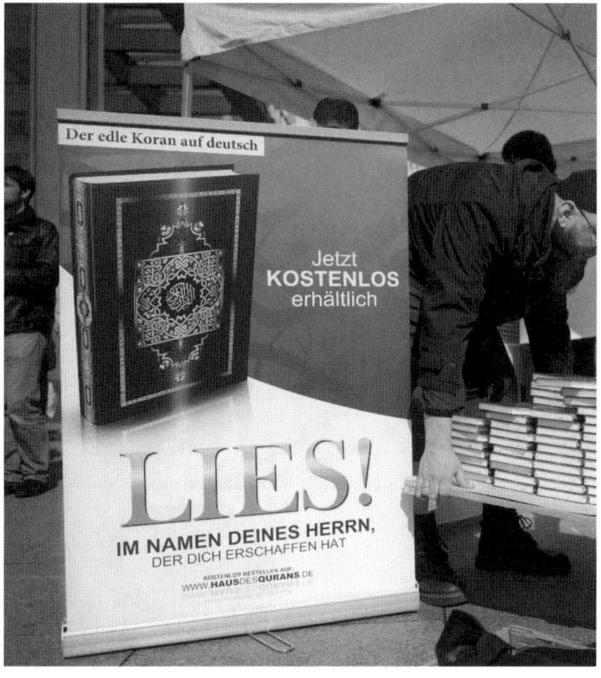

© imago/IPON

»21. Die Verfassung der Muslime ist der Koran. […] 29. Die islamische Religion kennt keine Parteien, denn die Parteien spalten. […] 30. Der Islam lehnt die Demokratie ab […]. 31. Niemand kann sowohl ein Muslim als auch ein Demokrat sein.«

»Ümmet-l Muhammed« Nr. 362 vom 18.01.2001, S. 8.

»Die Souveränität in einem islamischen Staat gehört Gott. Der Regierende ist nur ein Ausführer, der von den Menschen gewählt wurde und der entsprechend den Gesetzen Gottes regiert.«

Pierre Vogel, Was ist Islam, Conveying Islamic Message Society (CIMS), Alexandria ohne Jahr, S. 11.

»Ebenso begeht man gemäß dem Konsens der Muslime Unglaube, wenn man glaubt, dass das Richten nach der Scharia zwar besser ist als das Richten nach menschengemachten Gesetzen, jedoch das Richten nach menschengemachten Gesetzen als erlaubt ansieht.

[…] Die Menschen haben in dieser Angelegenheit keine Wahl. […] Daher ist das Richten nach der Scharia für jedermann eine Pflicht.«[2]

»Die Erläuterung des jemandes Islam vernichtenden Faktoren«, ohne Ort ohne Jahr, S. 12, abrufbar unter: www.salaf.de/swf/aqd0016.swf. Abgerufen am 17. August 2010.

[1] Zitiert nach: Bundesministerium des Inneren (Hg.), Verfassungsschutzbericht 2012, Berlin 2012, S. 266. Online abrufbar unter: http://www.verfassungsschutz.de/embed/vsbericht-2012.pdf (Zugriff am 01.07.2015).

[2] Alle Zitate aus: Bundesamt für Verfassungsschutz (Hg.), Islamismus: Entstehung und Erscheinungsformen, Köln 2013, S. 10–12. Online abrufbar unter: http://www.verfassungsschutz.de/de/oeffentlichkeitsarbeit/publikationen/pb-islamismus/broschuere-2013-09-islamismus-entstehung-und-erscheinungsformen (Zugriff am 01.07.2015).

M4 Was ist islamischer Fundamentalismus?

Der islamische Fundamentalismus [besser: der Islamismus] in unserer Zeit findet seinen Ausdruck in der Forderung nach der Islamisierung bzw. Re-Islamisierung von Gesellschaft und Staat. Diese Forderung bedeutet die Rücknahme der Gesetze und der Lebensformen, die in manchen Ländern der islamischen Welt den Beginn einer Anpassung an die Erfordernisse der modernen Welt signalisieren. Gerade diese Anpassung an die moderne Welt wird von den Vertretern des Fundamentalismus als Verlust der islamischen Identität verstanden und als unbillige Bevorzugung von Normen und Vorstellungen, die sich seit der Aufklärung in der westlichen Welt durchgesetzt haben, und dies auf Kosten originärer islamischer Normen.

Die Re-Islamisierung bedeutet auch die Rückkehr zu den politischen und wirtschaftlichen Ordnungsvorstellungen, die im islamischen Reich im Mittelalter ausgearbeitet worden sind, oder – noch radikaler – die Rückkehr zu den gesellschaftlichen Mechanismen und den politischen Institutionen der früh-islamischen Gemeinde zu Medina.

Nur so – das betonen die Träger der islamischen Renaissance – kann der reine Islam wiederhergestellt werden und wieder eine alles bestimmende Rolle in Gesellschaft und Staat spielen. Und nur so werden die Menschen allesamt den rechten Weg finden. [...]

In dieser geistigen Atmosphäre sind die fundamentalistischen Bewegungen im Islam zu verstehen. In ihrem Eifer gehen sie jedoch noch weiter. Aus den Grundgedanken, die bisher dargestellt wurden, machen sie ein vereinfachtes Denksystem, bauen darauf eine verklärende Ideologie auf und schmieden ein entsprechendes Aktionsprogramm zur Durchsetzung islamischer Ordnungsvorstellungen. Die Argumentation tritt deutlich zurück zugunsten der einprägsamen Formeln und Parolen, welche die Emotionen wachrufen und eine tatkräftige Solidarisierung herbeiführen können.

Sie verschaffen sich [...] den nötigen Freiraum für ihre politische Ideologie, indem sie sich über die Geschichte hinwegsetzen und das traditionelle Rechtssystem mit seinen Bestimmungen und Kompromissen, mit seinen Festlegungen und offen gehaltenen Möglichkeiten, mit seiner rigiden Struktur und seiner eingebauten Flexibilität einfach relativieren und pauschal als irrelevant erklären. Zugleich berufen sie sich doch wieder auf ein geschichtliches Modell, das politische System, das in Koran und Sunna verankert ist, das sie aber nun eigenmächtig und mit dem Anspruch alleiniger Verstehensfähigkeit deuten und auf die Situation heutiger Gemeinschaften übertragen. Gerade darin kommt ihr Anspruch deutlich zutage, allein den »reinen« Islam zu vertreten, und damit verbunden die mehr oder minder totalitären Tendenzen.

Khoury, Adel Theodor: Art. Fundamentalismus, in: Khoury, Adel Theodor/Hagemann, Ludwig/Heine, Peter: Islam-Lexikon. Geschichte, Ideen, Gestalten, Band 1 A–F, Freiburg i. Br. 1991, S. 505 f, S. 508 f.

M 5 Stellungnahme der Türkisch-Islamischen Union (DITIB)

Pressemeldung

Köln, 11.08.2014. Die Islamische Religion gestattet in keinem Fall, Menschen auf Grund ihrer Sprache, Religion oder Konfession zu töten, zu foltern oder anderweitig unmenschlich zu behandeln, oder aus ihrer Heimat zu vertreiben.

Von der Antike bis zur heutigen Zeit kann es kein gläubiger Mensch mit seinem Gewissen vereinbaren, dass Menschen, mit anderen Religionen, Glaubensbekenntnissen, Weltanschauungen, Denkarten oder anderer Zugehörigkeiten, mit denen wir zusammenleben, einer Handlung oder einer Behandlung gegen die Menschenwürde und den Menschenrechten ausgesetzt werden.

Seit Jahrhunderten leben die Muslime im Nordirak in Frieden mit ihren Nachbarn, den Religionsgemeinschaften der Yeziden und den Christen, die nun durch die ISIS unmenschlichen Angriffen, Verfolgung und nahezu einem Massenmord ausgesetzt sind.

Ebenfalls werden auch Muslime unterschiedlicher Konfessionen und Strömungen von diesen religiösen Eiferern und Fundamentalisten verfolgt, gequält und gefoltert, was gegen das soziale Gewissen verstößt und uns als Muslime zutiefst verwundet.

Wer Menschen aufgrund des Glaubens oder der Konfession verfolgt oder tötet, kann dies nicht mit dem Islam begründen. Der Islam, welcher besagt, dass »das Töten eines Menschen ein genauso großes Verbrechen und Sünde ist, als hätte man die ganze Menschheit getötet;« (el-Maide 5/32), ist fern allen schlechten Zuschreibungen und Diffamierungen.

Alle Muslime und die gesamte Menschheit sind gefordert, sich diesen unmenschlichen Übergriffen und Brutalitäten mit einer gemeinsamen, starken Stimme entgegen zu stellen. Die Öffentlichkeit darf nicht in eine Zuschauerrolle verfallen. Unsere Erwartung ist, dass in dieser Lage schnellstmöglich einen nachhaltigen Frieden schaffende Lösungen gefunden werden.

Möge Allah, unser barmherziger Schöpfer, die Menschen in allen Teilen der Erde, unabhängig von Religion, Konfession und Gesinnung, vor Unterdrückung, Folter und Verfolgung behüten.

Türkisch-Islamische Union (DITIB), http://www.ditib.de/detail1.php?id=414&lang=de (Zugriff am 13.05.2015)

M 6 Unternehmensethik

Erfolgreiche Unternehmen identifizieren echte menschliche Bedürfnisse und wollen diese auf bestmögliche Weise bedienen, indem sie eigeninitiativ, innovativ und kreativ sind. Sie produzieren nicht nur, was immer schon angeboten wurde, sondern beschreiten ganz neue Wege, um menschliche Bedürfnisse zu erfüllen – etwa in den Bereichen der Medizin, der Kommunikation, der Finanzen, der Lebensmittel, der Energieversorgung und der Wohlfahrtspflege. Sie verbessern Schritt für Schritt ihre Waren und Dienstleistungen, die ihrerseits die Lebensqualität der Menschen heben, sofern sie wirklich gut sind.

Das Kompendium der Soziallehre der Kirche führt aus: »Unternehmen sollten sich durch die Fähigkeit auszeichnen, dem Gemeinwohl der Gesellschaft durch die Produktion nützlicher Güter und Dienstleistungen zu dienen.« Unternehmen sind ihrem Wesen nach auf andere ausgerichtet. Sie verbinden die Fähigkeiten, Talente, Motivationen und Antriebskräfte unterschiedlicher Menschen, um den Bedürfnissen wiederum anderer Menschen zu dienen. Im Gegenzug unterstützt dies die Entwicklung der Menschen, die die Arbeit verrichten. Die Tätigkeiten, die sie gemeinsam verrichten, erzeugen die Waren und Dienstleistungen, die eine gesunde Gemeinschaft benötigt. »Die Führungskraft in der Wirtschaft ist kein Spekulant, sondern im Kern ein Innovator. Der Spekulant hat es sich zum Ziel gesetzt, den Gewinn zu maximieren. Für ihn ist das Unternehmen in erster Linie ein Mittel zum Zweck – und dieser Zweck ist der Gewinn. Für den Spekulanten ist das Bauen von Straßen und die Errichtung von Krankenhäusern oder Schulen kein selbstständiges Ziel, sondern nur Mittel zur Gewinnmaximierung. So wird unmittelbar klar, dass der Spekulant nicht das Leitbild der Führungskraft in der Wirtschaft ist, wie es die Kirche hoch hält. Leitbild ist vielmehr derjenige, der am Gemeinwohl mitbaut.« Die christliche Führungskraft in der Wirtschaft dient dem Gemeinwohl, indem sie wirklich nützliche Waren produziert und Dienstleistungen anbietet, die wirklich dienen. Die Waren und Dienstleistungen, die Unternehmen produzieren, sollen den wahren menschlichen Bedürfnissen dienen. Dies schließt nicht nur solche ein, die einen unmittelbaren gesellschaftlichen Wert haben wie lebensrettende medizinische Geräte, Mikrokredite, Bildung, soziale Investitionen, fair gehandelte Produkte, Gesundheitsdienstleistungen und erschwingliche Wohnungen, sondern auch alles, was wirklich zu einer menschlichen Entwicklung und Entfaltung beiträgt, von einfachen Waren wie Nägel, Tische oder Stoffe bis hin zu komplexen Systemen wie Müllabfuhr, Straßen und Transportwesen.

Päpstlicher Rat für Gerechtigkeit und Frieden/Bund Katholischer Unternehmer (Hg.): Zum Unternehmer berufen! Eine Ermutigung für Führungskräfte in der Wirtschaft, Rom 2012, 40–41, S. 15

M 7 Stichwortzettel

Herkunft des Namens der Salafisten	
Zentrale Glaubensinhalte	
Zentrales Anliegen	
Strategien und Mittel	
Beurteilung: Sind Salafisten Fundamentalisten?	
Unternehmensethische Prinzipien von *LuckyLAN*	
Empfehlung für die Chefin: Auftrag annehmen oder ablehnen?	
Begründung der Empfehlung	

M 8 Beobachtungsbogen

	Chefin gespielt von:	Sabrina gespielt von:	Patrick gespielt von:
Die Rollen werden deutlich erkennbar eingenommen.			
Positionen werden klar vertreten.			
Die Chefin vertritt deutlich erkennbar die unternehmerischen Prinzipien von *Lucky-LAN*.			
Sabrina und Patrick informieren die Chefin umfassend über Herkunft, Anliegen und Strategien der Salafisten.			
Die Beteiligten lassen eine klare Beurteilung zu der Frage erkennen, ob Salafisten Fundamentalisten sind.			
Sabrina und Patrick geben eine Empfehlung ab.			
Die Chefin äußert sich zu der Empfehlung. Dabei lässt sie erkennen, wie sie mit der Empfehlung umgehen wird.			

M9 Reflexionsbogen

	trifft voll zu	trifft teilweise zu	trifft gar nicht zu	Kommentar
Die Herausforderungen, die sich aus der Situation ergaben (s. Analyse M1), wurden bewältigt.				
Die einzelnen Arbeitsschritte haben sich als geeignet erwiesen, um die Situation zu bewältigen.				
Die zur Verfügung gestellten Materialien waren hilfreich.				
Die eingesetzten Arbeitsmethoden waren sinnvoll.				
Die Anforderungssituation erscheint realistisch.				

Ich habe folgenden weiteren Informationsbedarf:

____

____

____

Ich kann mir folgende Situationen vorstellen, in denen die erworbenen Kenntnisse auch noch hilfreich sein können:

____

____

____

Eine Moschee entsteht – Religion im Bauhandwerk

Matthias Gronover

Die Anforderungssituation

Die Idee zu diesem Modul entstand beim Unterricht in einer Energie- und Gebäudetechniker-Ausbildungsklasse. Die Schülerinnen und Schüler zeigten sich interessiert am Islam, wollten aber über die gängigen Inhalte hinaus vor allem vertiefendes Wissen. Auffallend war, dass die Auszubildenden organisatorische Fragen in den Fokus rückten: Wie sind Moscheegemeinden organisiert? Welche gibt es? Was sind Schiiten und Sunniten?

Ohne hier auf islamisch-theologisches Spezialwissen zurückzugreifen, gerieten Unterscheidungen in den Blick, die in allgemein- und berufsbildenden Lehrplänen für evangelische oder katholische Religion (noch) nicht vorkommen. Immer wieder herausfordernd dürfte beim Bearbeiten dieses Moduls sein, dass die religiöse Wirklichkeit der Muslime nicht von der Alltagswirklichkeit zu trennen ist. Den Auszubildenden erschien fremd, dass etwa die »Pflichten der Muslime« von diesen keineswegs als lästig wahrgenommen werden, sondern Teil ihres Alltags und untrennbar mit dem Muslim-Sein verbunden sind. Dieses Modul soll deshalb besonders die Wahrnehmungs- und Deutungskompetenz der Auszubildenden schulen, indem die religiöse Dimension der Wirklichkeit deutlich gemacht und gezeigt wird, dass im Islam beispielsweise der Glaube an die Vorhersehung des eigenen Lebensweges eine Möglichkeit ist, die Kontingenzen des Alltags abzufedern. Es geht v. a. um Kompetenzen, die ihren Ausgangspunkt bei der persönlichen Einstellung zur Frage nach Gott haben. Hier ist auch der theologische Horizont des Moduls verankert, weil Gotteshäuser immer auch Ausdruck von Gotteserfahrung und -erfahrbarkeit sind.

Dass mit dem Thema Moscheebau ein kontroverses Thema im Raum steht, ist offensichtlich. Diese Kontroverse im Klassenraum zu erleben und auszudiskutieren, ist wichtig, um eine tragfähige religiöse Urteils- und Entscheidungskompetenz zu entwickeln. Dazu sind im Folgenden auch Methoden benannt, die Diskussionen strukturieren und das Vorbringen von Argumenten schulen (wie Fishbowl, Schreibgespräch).

Die Bedeutung des interreligiösen Lernens, in dessen Kontext dieses Modul steht, muss hier nicht eigens betont werden. In der Diskussion zum interreligiösen Lernen wird immer wieder die Kontakthypothese hervorgehoben, die beinhaltet, dass Inhalte, die durch die Begegnung mit Andersgläubigen erlernt werden, nachhaltiger erworben werden. In berufsbildenden Schulen finden sich in der Regel muslimische Auszubildende. Deswegen kann hier mit Interviews und Befragungen gearbeitet werden.

Das Modul richtet sich in erster Linie, aber nicht ausschließlich, an das in der Anforderungssituation angesprochene Berufsfeld der Energie- und Anlagenbauer. Auszubildende in diesem Berufsfeld sind meist männlich. Sie lernen schon in der Ausbildung den Umgang mit herausfordernden Problemstellungen im technischen Bereich. Insofern ist zu erwarten, dass sie mit einer Anforderungssituation umgehen können und dabei auch die nötige Selbstständigkeit zeigen werden. Interessant werden die Diskussion und die Erarbeitungen mit den Auszubildenden dann, wenn der persönliche Bezug zum Fachwissen eingefordert wird. Für die Durchführung in anderen Ausbildungsgängen bieten sich die alternativen Arbeitsaufträge an, die ebenfalls vorgeschlagen werden.

Die Anforderungssituation dieses Moduls ist mehrdimensional und enthält folgende Anforderungen:

- Christian ist im 3. Lehrjahr, hat also Erfahrung im Betrieb und kennt die Abläufe. Dennoch ist er »unsicher« und sogar »erschrocken« mit Blick auf die ihm fremde Moschee. Nicht zuletzt auch deswegen, weil sein Kollege Ali die Fremdartigkeit des Islam durch sein Wissen (Glaubenswahrheiten, Pflichten, Verhaltensregeln, Sunniten und Schiiten, Freitagsgebet) noch verstärkt hat. Wie soll Christian mit seiner Unsicherheit umgehen?
- Christian steht außerdem vor der Herausforderung, seine Erfahrung in der einen Moschee für die Installation in der nächsten für seine Firma nutzbar zu machen. Welches Wissen ist dafür relevant?
- Sein Kollege Ali sagt, Gott habe einen anderen Plan mit ihm. Christian steht vor der Aufgabe, diesen Satz in seine religiöse Hermeneutik und Gottesvorstellung einzuordnen. Macht Gott Pläne, die das eigene Leben determinieren?
- Christian vermutet, dass sich die Unruhe in der Stadt bezüglich des Baus einer neuen Moschee auch

in der 30-köpfigen Firma zeigt. Er muss überlegen, welche Argumente gefallen sind und wie er sich dazu positioniert.

Es geht also um die Bewältigung von persönlicher und religiöser Unsicherheit, um relevantes Wissen, um die Frage nach Gott und um die eigene Positionierung in der Frage des Moscheebaus. Dementsprechend vertiefen die einzelnen Materialien diese Aspekte. Da mit der Identifizierung und Benennung der Anforderungen durch die Auszubildenden der Anfang des eigenen Lernwegs vorgezeichnet ist, ist auch die Abfolge der Bearbeitung der Materialien nicht linear gedacht, sondern konstellativ.

Möglicher Ablauf

Die Materialien sind auf einen Zeitumfang von ca. 10–12 Unterrichtsstunden angelegt.

Der Wissens- und Erkenntnisstand der Auszubildenden sollte dabei zu Beginn des Moduls erhoben werden, anschließend daran reflektieren die Lernenden die (eigene) Frage nach Gott, erarbeiten sich Wissen zu Islam und Moscheebau und diskutieren dieses aus verschiedenen Perspektiven. Am Ende kann dann erneut auf die Anforderungssituation rekurriert und diese abschließend bearbeitet werden.

Grundsätzlich ist es möglich, die angebotenen Materialien losgelöst vom Modul zu bearbeiten. Auch eine Erweiterung des Materialangebots durch die bereits gelaufenen Diskussionen um den Moscheebau in Köln Ehrenfeld, aber auch in Berlin oder mit regionalem Bezug zur Schule, bietet sich an. Erfahrungsgemäß brauchen die Auszubildenden aber Unterstützung und klare Angaben dazu, was zu tun ist bzw. unter welchen Schlagworten recherchiert werden soll. Da auch Diskussionen Teil des Moduls sind, sei an dieser Stelle ein zusammenhängendes Erarbeiten der Materialien empfohlen.

Mögliche Materialien

A Strom in der Moschee

Für die erste Stunde des Moduls bietet es sich an, ein Bild einer im Bau befindlichen Moschee (bspw. aus M3) als stillen Impuls zu präsentieren und Reaktionen der Auszubildenden einzufangen.

Neben den oben benannten Anforderungen aus den Bereichen »persönliche religiöse Unsicherheit«, »für Kollegen relevantes Wissen über den Islam«, »die individuell zu beantwortende Frage nach Gott« und »die eigene Positionierung in der Frage des Moscheebaus« können folgende, das ganze Modul umfassende Arbeitsaufträge erteilt werden (wie es aus dem Überblick über mögliche Aufgaben weiter unten ersichtlich wird).

□ Der Arbeitsauftrag »Flyer« kann von sehr guten Auszubildenden anhand des Materials selbstständig ausgearbeitet werden. △ Um die Arbeit zu erleichtern, können die einzelnen Materialien mit differenzierenden Arbeitsaufträgen versehen werden, wie sie unten vorgeschlagen werden.

Der Arbeitsauftrag »Kundengespräch« erweitert die Möglichkeiten der Arbeit am Modul um zahlreiche emotionale und handlungsorientierte Arbeitsaufträge. So könnte z. B. die Frage nach dem Umgang mit religiösen Symbolen, die Kunden und Kundinnen tragen (Kreuz, Gebetskette, Kopftuch), szenisch eingeübt werden oder das korrekte Auftreten gegenüber Kunden und Kundinnen geprobt werden. □ △ ○ Zur Niveaudifferenzierung bietet sich an, die Sachkompetenz mit Blick auf die Moschee durch die Materialien schrittig erarbeiten zu lassen. Dabei wäre darauf zu achten, dass starke Auszubildende weniger engschrittig angeleitet werden müssen.

Diese Arbeitsaufträge sollten am Ende der Einheit wiederholt und die Ergebnisse der Auszubildenden diskutiert werden.

Im Überblick über mögliche Aufgaben sind weitere berufsspezifische Aufgaben genannt.

M1 Testen Sie sich selbst

Da ein kompetenzorientiertes Lehren und Lernen auch Lernstanderhebungen verlangt, beginnt das Modul mit einem Selbsttest. Natürlich kann dieser differenziert und erweitert werden. Wichtig ist, dass die Auszubildenden am Anfang den Stand ihrer religiösen Kompetenz bezüglich des Islam erheben und diesen dann mit einer Erhebung am Ende vergleichen können. Außerdem bietet dieser Selbsttest die Möglichkeit, die eigenen Antworten anhand des Materials zu bestätigen oder zu korrigieren.

M2a An Gott glauben
M2b Hilft es, an Gott zu glauben?

Das Material M2a will die Auszubildenden mit der Bedeutung der Gottesfrage vertraut machen. Der Trickfilm *Mr. Tao* von Bruno Bozzetto (Italien 1988) ist in den Medienstellen erhältlich und auf Videoportalen im Internet abrufbar (z. B. unter https://www.youtube.com/watch?v=wKMRg5vHzW0, Zugriff am 19.05.2015). Er macht anschaulich, dass unsere Sprache für Gott und den Glauben an ihn Grenzen hat. Dieses Geheimnisvolle Gottes bleibt auch erhalten, wenn wir von »Plänen Gottes« sprechen. Insofern ist Alis Aussage in der Anforderungssituation zu problematisieren, Gott habe einen »anderen Plan« mit ihm. Aus dieser Erkenntnis heraus kann die Formel »Gott ist mehr als alles« zugänglich werden.

Ergänzend oder alternativ zu M2a kann M2b eingesetzt und die Antworten können dann diskutiert werden. Die Frage nach Gott ist keine funktionale Frage, etwa um mit dem eigenen Leben besser klarzukommen. Sie ist aber im Horizont der Präsenz von Religion in unserer Gesellschaft eine nötige Frage, die die Auszubildenden für sich beantworten müssen. Das individuelle Ergebnis von M2b sollte in der Klasse besprochen werden. Dazu kann das Material auf Folie gedruckt und das Antwortverhalten darauf kompiliert und präsentiert werden.

M3 Eine Moschee entsteht

Das Material verdeutlicht, dass eine Moschee als Bauwerk zunächst den gleichen Genehmigungsprozess durchläuft wie beispielsweise ein Einfamilienhaus, dass aber das Interesse der Öffentlichkeit in der Regel viel höher ist. Die zahlreichen öffentlichen Diskussionen in verschiedenen Städten Deutschlands können dieses Material illustrieren, müssten aber von der Lehrkraft mit Blick auf die eigene Region eigens recherchiert und eingebracht werden. Ziel dieses Materials ist, dass die Auszubildenden im Verlauf des Lerngangs an dieser Stelle im Fishbowl ihre Meinung äußern und Sachargumente formulieren. Christians Problem in der Anforderungssituation ist ja auch, sich den Argumenten seiner Kollegen zu stellen und eine eigene Position artikulieren zu können.

M4 Glaubenswahrheiten und Pflichten

Das Material bündelt sehr knapp gängige Inhalte zum Islam (fünf Säulen und sechs Glaubenswahrheiten). Wünschenswert ist hier, die Perspektiven von Muslimen durch Interviews einzuholen. Wo dies nicht möglich ist, sollten schriftliche Zeugnisse bereitgehalten werden, um zu verdeutlichen, dass diese Glaubensinhalte keine hohlen Phrasen sind, sondern das Leben der Muslime bestimmen. In einem Schreibgespräch, das ergänzend möglich ist, vertiefen die Auszubildenden dieses Wissen und deuten es in ihrem jeweiligen Verstehenshorizont. Dieses Schreibgespräch präsentiert den Auszubildenden unterschiedliche Meinungen innerhalb der Klasse, die zu diesem Thema bestehen können. Die Tatsache, dass es religiöse Pflichten gibt, mag manchem Auszubildenden sehr fremd erscheinen. Eine Diskussion hierüber lohnt, weil es den jeweiligen Horizont zur Frage, was Glaube konkret heißt, erweitert.

M5 Koran und Bibel

Wahrscheinlich wird der Horizont der Auszubildenden erheblich erweitert, wenn die Auszubildenden von einem Muslim oder einer Muslima erfahren, wie Muslime mit dem Koran umgehen und dies mit der Bibel vergleichen. Das Material bietet hierzu Anreize. Wie beim Moscheebau, der ja auch Ausdruck einer Gotteserfahrung sein soll, stehen die Heiligen Schriften für mehr als aufgeschriebene Erfahrungen. Sie haben den Anspruch, das Heilige zu zeigen. Dass dies mit der Bibel und dem Koran auf unterschiedliche Weise geschieht, verdeutlicht den Auszubildenden, dass es zwischen den Religionen mit Blick auf ihre Heiligen Schriften unterschiedliche Auffassungen gibt. Vermutlich erscheint manchen Auszubildenden sehr fremd, dass Muslime den Koran nicht auf den Boden legen oder ihn nicht ins Altpapier werfen würden, wenn er verschlissen ist.

M6 Moscheebesuch

Das Material will Einblicke ins »Innenleben« einer Moschee geben. Es ersetzt nicht den Besuch, erläutert aber einige zentrale Aspekte. Auch Christian aus der Anforderungssituation muss die Abläufe der Moschee kennen, wenn er in der neu zu bauenden kompetent agieren möchte.

M7 Das Pflichtgebet

Das Material zeigt die Abfolge der Körperhaltungen beim Gebet. Der Text zum Pflichtgebet ist dem Roman *Schiffbruch mit Tiger* von Yann Martel entnommen (Frankfurt a. M. [19]2013), der auch als *Life of Pi* von Ang Lee verfilmt ist (USA 2012).

M8 Muslime in Deutschland

Das Material geht auf die großen Dachverbände von Sunniten und Schiiten ein. So erwerben die Auszubildenden die Kompetenz, auch im Islam nach Glaubensrichtungen zu differenzieren, und sie lernen die Moscheegemeindestruktur kennen.

Abschluss mit der Anforderungssituation

Alle erarbeiteten Kompetenzen können in einer Abschlussdiskussion – etwa einem Fishbowl – eingebracht und gebündelt werden.

Je nachdem, wie die Auszubildenden auf die Anforderungssituation reagieren, schließt sich nun die Erarbeitung von Lösungsvorschlägen an. Es ist also nötig, am Ende nochmals auf die Anforderungssituation zurückzukommen und zu fragen, inwiefern die aufgezeigten Herausforderungen nun bewältigt werden können. Aus den gewonnenen Erkenntnissen müssen die für die Außenwirkung der Firma zentralen Elemente herausgestellt werden:

- Die Kenntnis vom Aufbau einer Moschee und wie man sie betritt,
- die Kenntnis des Zusammenhangs von Leben und Glauben (Einhaltung der rituellen Pflichten, Gebetspflichten),
- die Kenntnis der beiden großen Glaubensrichtungen im Islam (Schiiten und Sunniten).

Abschließend kann die Anforderungssituation noch mit den modulübergreifenden Arbeitsaufträgen aufgegriffen und das Erarbeitete konsolidiert und diskutiert werden.

Mögliche Arbeitsaufträge im Überblick

A Strom in der Moschee

- Üben Sie Kundengespräche ein, in denen die Elektroinstallation im Innenraum einer Moschee abgesprochen wird. Berücksichtigen Sie dabei zentrale Aspekte des Kundengesprächs: Verständnis für Kundenwünsche sowie Fachkompetenz durch Kenntnis der durchzuführenden Baumaßnahmen.
- Christians Chef möchte weitere muslimische Familien und Gemeinschaften als Kunden gewinnen. Entwerfen Sie einen Flyer, der die religiöse Kompetenz seiner Firma mit Blick auf den Islam hervorhebt.

Arbeitsaufträge für:
Elektriker
Impulse:
- Elektrischer Strom unterscheidet nicht zwischen seinen Abnehmern. Das Stromnetz verbindet alle Menschen unserer Gesellschaft.
- Auch der Glaube an Gott verbindet Christen und Muslime.

- Benennen Sie zentrale Unterschiede und Gemeinsamkeiten zwischen Christen und Muslimen.

- Glaube verbindet die Menschen mit Gott. Skizzieren Sie in der Gruppe den Weg des Stroms vom Kraftwerk bis zum Leuchtmittel anhand der Stichworte »Kraftwerk« - »Stromtrasse« - »Umspannwerk« - »Zuleitungen« - »Stromzähler« - »Stromkreise« - »Schalter« - »Leuchtmittel«. Vergleichen Sie dann die verschiedenen Stationen mit dem Weg des Glaubens: Was steht für das Kraftwerk? Wer »zählt« den Glauben? usw.

- Diskutieren Sie Grenzen und Möglichkeiten, die der Vergleich von Strom und Glaube aufzeigt.

Fliesenleger
Impuls:
- Ein Haufen Fliesen ergibt noch kein Bild. Was Fliesen verbindet sind die Fugen. Ohne Fugen sind Fliesen ohne Nutzen.

- Skizzieren Sie die Symbole für Islam, Judentum und Christentum.
- Gestalten Sie ein gemeinsames Symbol für Islam, Judentum und Christentum mit Fliesenscherben.
- Finden Sie gemeinsam einen geeigneten Ort in Ihrer Schule, an dem Sie Ihr Werk ausstellen können. Diskutieren Sie, wo dieses Symbol in einer Moschee und wo in einer Kirche gut passen würde.

M 1 Testen Sie sich selbst

- Beantworten Sie die Fragen im Test. Jede Zeile darf nur ein Kreuz enthalten.
- Bewahren Sie Ihren Fragebogen auf. Im Verlauf der nächsten Unterrichtsstunden können Sie sich immer wieder selbst korrigieren.

M2a An Gott glauben

⬡

- Schauen Sie sich den Kurzfilm Mr. Tao an. Sortieren Sie dann die unten benannten Szenen in der richtigen Reihenfolge.
- Szenen: Gipfel und Stärkung - Aufbruch und Aufstieg - Aufstieg und Begegnung - Gipfel und Musik - Vogel der Freiheit - Aufstieg und Verblüffung.
- Glauben Sie an »mehr als alles«? Falls Sie möchten, erklären Sie, welche Bedeutung Ihr Glaube in Ihrem Leben hat.

○

- Erklären Sie in eigenen Worten, inwiefern persönlicher Glaube mit einer Bergwanderung verglichen werden kann.

△

- Wenn es sehr schwierig ist, Gott zu beschreiben (→ Infokasten M2a): Kann er dann liebevoll oder zornig sein?

□

- Deuten Sie die Reaktion Gottes auf Mr. Tao: Kann Gott vom Menschen enttäuscht sein?

M2b Hilft es, an Gott zu glauben?

⬡

- Beantworten Sie die Fragen durch Ankreuzen an der für Sie passenden Stelle.
- Werten Sie die Antworten in Ihrer Klasse aus. Diskutieren Sie das Ergebnis.

M3 Eine Moschee entsteht

⬡

- Michael, ein Kollege von Christian, ist parteiloses Mitglied im Gemeinderat der Stadt. Im Gemeinderat wird ein Einspruch von sich selbst als atheistisch bezeichnenden Bürgerinnen und Bürgern zum Bauantrag für die Moschee verhandelt. Der Gemeinderat diskutiert den Moscheebau nochmals offen. Formulieren Sie zur Vorbereitung der Diskussion im Gemeinderat Argumente für und gegen die Genehmigung des Moscheebaus.
- Benennen Sie eine(n) oder zwei Vertreter(innen) der muslimischen Gemeinde und drei Gemeinderatsmitglieder. Ratsmitglied A ist praktizierende(r) Katholik(in), B ist Protestant(in), C bezeichnet sich als Agnostiker(in). Beschreiben Sie in Stichworten, wie sich A, B und C zu der Frage des Moscheebaus im Gemeinderat positionieren könnten. Diskutieren Sie die Frage mit der Fishbowl-Methode.

○

- Informieren Sie sich über die Moschee in Köln-Ehrenfeld (http://www.zentralmoschee-koeln.de). Benennen Sie die Funktionen einer Moschee für die Gemeinde.

△

- Recherchieren Sie Argumente für den Moscheebau in Köln-Ehrenfeld und benennen Sie diese. Treffen diese Argumente nur für Moscheen zu oder auch für Kirchen?

□

- In der im Tagesspiegel erschienenen Stellungnahme *Dürfen Muslime Moscheen in Deutschland bauen?* unterscheidet der ehemalige Berliner Kardinal Sterzinsky zwischen Kirchen und Moscheen in Mitteleuropa. Recherchieren Sie den Text, benennen Sie die dortigen Argumente und nehmen Sie selbst Stellung dazu.

M4 Glaubenswahrheiten und Pflichten

○

- Gott - Engel - Propheten - Leben nach dem Tod - Vorhersehung: Recherchieren Sie die Bedeutung dieser Glaubenswahrheiten für Muslime, indem Sie entweder Muslime selbst befragen oder verlässliche Quellen lesen.

△

- Gott - Engel - Propheten - Leben nach dem Tod - Vorhersehung: Notieren Sie jeweils eines dieser Stichworte in die Mitte eines DIN A2 Plakates und führen Sie ein Schreibgespräch. In einer stillen Atmosphäre werden dazu die fünf Plakate im Raum verteilt. Sie gehen nun nacheinander zu jedem Plakat und schreiben Ihre Ansichten, Bemerkungen und Kommentare auf die einzelnen Blätter. Kleine Zeichnungen, Icons oder Symbole sind erlaubt. Auch Kommentare zu Beiträgen Ihrer Mit-Auszubildenden sind möglich.
- Zur Auswertung kann hier ein Plakat einer Gruppe von Auszubildenden zugewiesen werden, die die Aussagen in wenigen Sätzen zusammenfassen sollen.

□

- Diskutieren Sie, wo die Grenze zwischen der Erfüllung religiöser Pflichten eines Muslims und ihrer Über-Erfüllung verlaufen könnte. Gehen Sie dazu besonders auf Ihren persönlichen Arbeitsalltag als Elektriker(in) ein und überlegen Sie, wie Gebetszeiten hier eingehalten werden könnten.

M5 Koran und Bibel

○

- Lösen Sie das Kreuzworträtsel mit Hilfe des Textes.

△

- Informieren Sie sich bei Mit-Auszubildenden, wie der Koran in der Moschee und wie die Bibel in der Kirche benutzt und verehrt wird.

□

- Lesen Sie den Text und vergleichen Sie Bibel und Koran und ihre Bedeutung für Christen bzw. Muslime: Welche Gemeinsamkeiten und welche Unterschiede gibt es?

M6 Moscheebesuch

○

- Erläutern Sie, was Sie beim Betreten einer Moschee wahrscheinlich sehen und was Sie beachten müssen.

△

- Skizzieren Sie den Grundriss einer Moschee und tragen Sie die kursiv geschriebenen Fachbegriffe ein.

□

- Besuchen Sie eine Moschee. Halten Sie fest, wie die Moschee geschmückt ist. Lassen Sie sich die Bedeutung der rituellen Waschungen, der Gebetshaltungen, des Gebetsteppichs, der Ausrichtung nach Mekka und des Gebetsrufes erklären.

M7 Das Pflichtgebet

⬡

- Vergleichen Sie die Bilder der Gebetsabfolge mit der Schilderung von Pi: Stimmen beide Darstellungen überein oder gibt es Abweichungen?

M8 Muslime in Deutschland

- Informieren Sie sich, welche muslimischen Verbände bzw. Moscheegemeinden es in Ihrer Heimatstadt bzw. der nächstgrößeren Stadt gibt: Wie heißen die Moscheen? Welcher Glaubensrichtung im Islam gehören sie an?

- Informieren Sie sich über muslimische Verbände in Ihrer Heimatstadt bzw. in der nächstgrößeren Stadt (Selbstverständnis, Größe, überregionale Struktur). Stellen Sie dar, wo diese Verbände mitwirken und wie sie in die Gesellschaft hineinwirken.

- Verteilen Sie die vier folgenden Aussagen in den vier Ecken Ihres Klassenraums. Wählen Sie dann eine Ecke aus, die Sie anspricht. Diskutieren Sie in Ihrer jeweiligen »Ecke«, warum Sie gerade diese gewählt haben.
- Tauschen Sie sich dann in der Klasse aus. Erst jetzt ist es Ihnen erlaubt, Ihre Meinung in den »Zwischenräumen« zwischen den Ecken auszudrücken, wenn Sie wollen
  - Muslimische Verbände gehen nur Muslime etwas an. Ich brauche über sie nichts zu wissen.
  - Muslimische Verbände sind sehr wichtige Partner, weil sie unsere Gesellschaft mitgestalten.
  - Muslimische Verbände sind unbedeutend. Das sollen sie auch bleiben.
  - Muslimische Verbände werden immer bedeutender. Ich muss wissen, in welchen gesellschaftlichen Bereichen sie mitreden.

A Strom in der Moschee

© fotolia/Kadmy

Christian ist Lehrling im dritten Lehrjahr bei einem Elektrikerbetrieb mit 30 Mitarbeiterinnen und Mitarbeitern. In den letzten Tagen war er mit dem Gesellen Ali in dem Gebetsraum der schiitischen Gemeinde der Stadt. Sie haben dort eine Ton-Verstärkeranlage bei der *minbar* installiert, sodass der Imam beim Freitagsgebet von allen Gläubigen verstanden werden kann. Christian war am Anfang unsicher, wie er sich dort verhalten soll. Aber Ali hat ihm erklärt, wie das Freitagsgebet abläuft, welche Regeln für das Betreten des Gebetsraumes gelten, was die Pflichten der Muslime sind, an welche Glaubenswahrheiten sie glauben und auch, was Sunniten und Schiiten sind und wie sie organisiert sind. Christian hat auch einige Dinge aus dem Koran erfahren.

Ali sagt zu Christian: »Wenn die Sunniten in der Stadt ihre Moschee bauen, werde ich nicht mehr in der Firma sein.« »Warum nicht?«, fragt Christian. »Ich will mich selbständig machen. Ich habe das mit dem Chef schon besprochen.« »Aber wir haben doch schon den Auftrag für die Moschee bekommen. Und keiner weiß so viel über Muslime und ihre Pflichten, wie man eine Moschee betritt und was sie glauben, wie du.« »Es ist, wie es ist«, sagt Ali. »Gott hat einen anderen Plan mit mir. Außerdem kannst du ja jetzt den Kollegen dein Islam-Wissen beibringen.«

Christian ist erschrocken. Er weiß noch zu gut, welche Diskussionen in der Stadt um die neue Moschee geführt wurden und wie sehr sich manche Menschen aufgeregt haben.

Nachdem sie das Montageauto für den nächsten Tag bestückt haben, trifft Christian am Abend seinen Chef.

© Wikimedia Commons/Zairon

M 1 Testen Sie sich selbst

Aussage	Stimmt	Stimmt nicht	Weiß nicht
Ob eine Moschee gebaut wird, entscheidet allein die jeweilige muslimische Gemeinde.			
Ob eine Moschee gebaut wird, entscheidet allein der Gemeinderat.			
Ob eine Moschee gebaut wird, hängt vom Willen der Moscheegemeinde, dem Bauantrag und vom Gemeinderat ab.			
Sunniten und Schiiten unterscheiden sich in ihrem religiösen Selbstverständnis nicht.			
Sunniten und Schiiten unterscheiden sich in ihrem religiösen Selbstverständnis deutlich.			
Sunniten gehören zum Islam, Schiiten nicht.			
Die meisten Muslime in Deutschland sind Schiiten.			
Die meisten Muslime in Deutschland sind Sunniten.			
Die meisten Muslime in Deutschland gehören weder den Sunniten noch den Schiiten an.			
Im Islam sind Engel Geschöpfe Gottes.			
Im Christentum sind Engel Geschöpfe Gottes.			
In beiden Religionen spielen Engel keine Rolle.			
Das Gebet muss im Islam achtmal am Tag verrichtet werden.			
Das Gebet muss im Islam dreimal am Tag verrichtet werden.			
Das Gebet muss im Islam fünfmal am Tag verrichtet werden.			
Ich kann in religiösen Angelegenheiten meine Position in der Klasse vertreten.			
Ich habe keine Position in religiösen Angelegenheiten.			
Besonders in religiösen Angelegenheiten höre ich mir zuerst andere an und finde dann zu meiner Position.			
Im Koran gibt es keine Personen, die es auch in der Bibel gibt.			
Koran und Bibel kennen beide Kain und Abel, Johannes den Täufer, Jesus und andere Personen.			
Alle Personen, die in der Bibel vorkommen, kommen auch im Koran vor.			
Muslime verstehen den Koran als letztgültige Offenbarung Gottes.			
Gott hat Mohammed den Koran Wort für Wort offenbart.			
Der Koran berichtet von der Kreuzigung und Auferstehung Jesu.			

M 2a An Gott glauben

Viele Menschen glauben an Gott. Sie drücken damit aus, dass »es mehr als alles« gibt. Nicht selten betonen sie dann, dass Gott ihnen Vertrauen schenkt und so auch die Kraft, mit viel Zuversicht in die Zukunft zu gehen. Weil Gott »mehr als alles« ist, finden gläubige Menschen nur schwer Worte, Gott zu beschreiben.

Weil es von Gott kein Bild geben kann, vergleichen gläubige Menschen ihren Glauben manchmal mit einer Bergwanderung. Am Anfang, im Tal, sieht man die Spitze des Berges nicht und es ist mühselig, sich auf den Bergpfad zu begeben, weil das Ziel unsichtbar ist. Wenn man eine Weile gegangen ist, gewöhnt man sich an das Wandern. Es geht den Berg hinauf, die Luft wird klarer. Aus dem schattigen Tal geht es in sonnige Berghänge. Die Sorgen, die einen morgens noch belastet haben, fallen im Laufe des Tages und mit zunehmender Höhe von einem ab. Ganz oben auf der Bergspitze fühlt man sich frei und ganz nah bei Gott. Auf dem Weg dorthin hat man Vieles hinter sich gelassen.

Gläubige Menschen betonen, dass gerade im Weglassen von unnötigen Dingen (man kann ja nicht den ganzen Hausstand und Besitz mit auf eine Wanderung nehmen) die eigene Beziehung zu Gott sehr intensiv wird.

Info:
Im Islam gilt das Bilderverbot. Bildliche Darstellungen des Allmächtigen sind verboten. Deswegen werden die Eigenschaften Gottes hier oft durch Kalligraphien (Kunst durch schöne Schrift) ausgedrückt. Hier im Bild zum Beispiel eine kalligraphische Darstellung des Gottesnamens Allah in der Ravensburger Mevlana-Moschee.

M 2b Hilft es, an Gott zu glauben?

Aussage	Stimme voll zu	Stimme eher zu	Stimme eher nicht zu	Stimme gar nicht zu
Gläubige Menschen sind ausgeglichener.				
Gläubige Menschen sind genauso angespannt wie Ungläubige.				
Gläubige Menschen flüchten vor Schwierigkeiten im Leben.				
Gläubige Menschen kommen mit Schwierigkeiten leichter klar.				
Gläubige Menschen haben die gleichen Probleme wie Ungläubige.				
Gläubigen Menschen hilft nicht ihr eigener Glaube, sondern eigentlich die Gemeinschaft (Moscheegemeinde, Kirchengemeinde).				
Gläubigen Menschen hilft ihr Glaube, die Gemeinschaft tut nichts dazu.				
Der Glaube kommt von Gott.				
Der Glaube ist eine Erfindung des gläubigen Menschen.				
Der Glaube ist ausschließlich eine Folge von Erziehung.				

M 3 Eine Moschee entsteht

© imago/JOKER

Die Heiligen Schriften von Christen, Juden und Muslimen betonen, dass der Mensch einen besonderen Ort braucht, um Gott zu verehren. Solche heiligen Orte sind Ausdruck lebendiger Beziehungen zu Gott.

Der Islam ist nicht so organisiert wie die christlichen Kirchen. Er kennt keine Bischöfe, die die Stimme aus verschiedenen Gemeinden bündeln. Jede Gemeinschaft von Muslimen ist zunächst auf einen Ort begrenzt und organisiert sich selbst. Da in Deutschland viele Muslime leben, brauchen auch sie Orte, um Gottesdienste zu feiern. Wenn also Muslime eine Moschee bauen möchten, müssen sie dies zunächst in der politischen Gemeinde vortragen. Im Gemeinderat wird dies dann in einer öffentlichen Sitzung diskutiert. Alle Bürgerinnen und Bürger können sich dort an der Diskussion beteiligen.

Das Grundgesetz schreibt die Freiheit der Religionsausübung vor. Die christlichen Kirchen sind keine Hinderungsgründe dafür, Moscheen zu bauen. Die Kirchen vertreten die Meinung, dass eine lebendige Gottesbeziehung und eine lebendige Gemeinde auch einen Versammlungsort brauchen.

Neben dem Antragsverfahren für einen Moscheebau und der öffentlichen Diskussion darüber spielt natürlich immer auch die Finanzierung eines solchen Baus eine wichtige Rolle. Moscheegemeinden haben oft nicht die nötigen eigenen Mittel, um eine Moschee zu finanzieren. Deswegen sind sie auf Spenden anderer Muslime angewiesen. Es muss deshalb – wie immer bei Spenden – im Einzelfall genau hingeschaut werden, welche Interessengruppen eine Moschee finanzieren und wie sie damit Einfluss nehmen möchten. Eine bedeutende Rolle hierbei spielt beispielsweise für die sunnitischen Muslime DITIB (Türkisch-Islamische Union der Anstalt für Religion e. V.).

Info:
Muslime brauchen wie Christen und Juden keinen speziellen Ort bzw. Raum für ihr Gebet. Trotzdem können besondere Häuser zu einem masjid (Ort der Niederwerfung) umgebaut werden. Die heutigen Moscheebauten in Deutschland verstehen sich aber nicht nur als Raum für das Freitagsgebet und islamische feierliche Anlässe, sondern auch als Orte der Begegnung sowie als private Bildungseinrichtungen.

M4 Glaubenswahrheiten und Pflichten

© fotolia/Jasminko Ibrakovic

Die Orientierung an religiösen Pflichten ist Muslimen sehr wichtig. Sie werden nicht als lästig empfunden, sondern sind Ausdruck lebendiger Gottesbeziehung. Muslime sind Muslime, wenn sie das Glaubensbekenntnis vor Zeugen aufsagen. Außerdem sollten sie die Glaubenswahrheiten kennen und die Hauptpflichten leben. Es ist für Muslime sehr ehrenvoll, nicht nur ca. 2,5 % des Jahreseinkommens als Almosen zu spenden, sondern mehr zu geben.

Gleichzeitig gibt es auch Ausnahmen. So kann zum Beispiel an einem Arbeitstag in Deutschland das Gebet nicht fünfmal verrichtet werden. Deswegen besteht die Möglichkeit, Gebete am Abend zusammenzufassen. Im schiitischen Islam ist die Zusammenfassung der fünfmaligen Gebetszeiten zur dreimaligen erlaubt. Mittags- und Nachmittagsgebet können genauso zusammengefasst werden wie das Abend- und Nachtgebet.

Die Hauptpflichten der Muslime werden auch *Die fünf Säulen des Islam* genannt.

Die fünf Säulen des Islam

GLAUBE	GEBET	ALMOSEN	FASTEN	PILGERFAHRT

Die *Glaubenswahrheiten* sind:

1. Der Glaube an die Einheit Gottes (Gott ist der Eine, der Allmächtige, der Allerbarmer und Richter)
2. Der Glaube an Gottes Engel (Engel als reine Geschöpfe, die Gott dienen)
3. Der Glaube an die Bücher Gottes (also an den Koran als die unumstößliche und wörtliche Wiedergabe von Gottes Wort)
4. Der Glaube an die Propheten Gottes (Mohammed, Abraham, Adam, Johannes der Täufer, Jesus – wobei Mohammed derjenige Prophet mit der endgültigen Gottesoffenbarung ist)
5. Der Glaube an das Leben nach dem Tod (also an ein Weltgericht und die Hölle genauso wie an das Paradies als Ort des höchsten Glücks)
6. Der Glaube an die göttliche Vorsehung (also daran, dass Gott einen Weg für den Menschen vorgesehen und vorbestimmt hat, den der Mensch gehen soll)

M5 Koran und Bibel

Das Buch der Muslime ist der Koran. Der Koran wurde Mohammed von Gott offenbart. Er ist in Suren eingeteilt. Für Mohammed war klar, dass der Koran denselben Zweck hat wie die Bibel: Gottes Wort zu verkünden. Während der Koran für die Muslime das Wort Gottes ist, beschreibt die Bibel Erfahrungen von Menschen mit Gott. Weil der Koran das Wort Gottes wiedergibt, ist der ursprüngliche arabische Wortlaut Muslimen besonders heilig. Sie gehen deshalb sehr sorgfältig mit dem Koran um.

Im Koran finden sich viele Personen, die auch in der Bibel vorkommen. Adam und Eva haben Kain und Abel als Nachkommen, Noah baut eine Arche, Mose zieht aus Ägypten aus. Schweinefleisch zu essen, wird im Koran und im Alten Testament verboten. Bibel und Koran betonen das Gebet als Hingabe an Gott.

Der Koran berichtet, dass der Sohn Abrahams, Ismael, der Stammvater der Muslime sei. Nach muslimischer Auffassung ist Adam ein Prophet. In seiner Erblinie steht auch Mohammed. Der Koran betont den Glauben an den einen Gott. Dass Gott dreifaltig ist, wie das Christentum es glaubt, wird verneint. Deswegen bestreitet der Koran auch die Kreuzigung und Auferstehung Jesu.

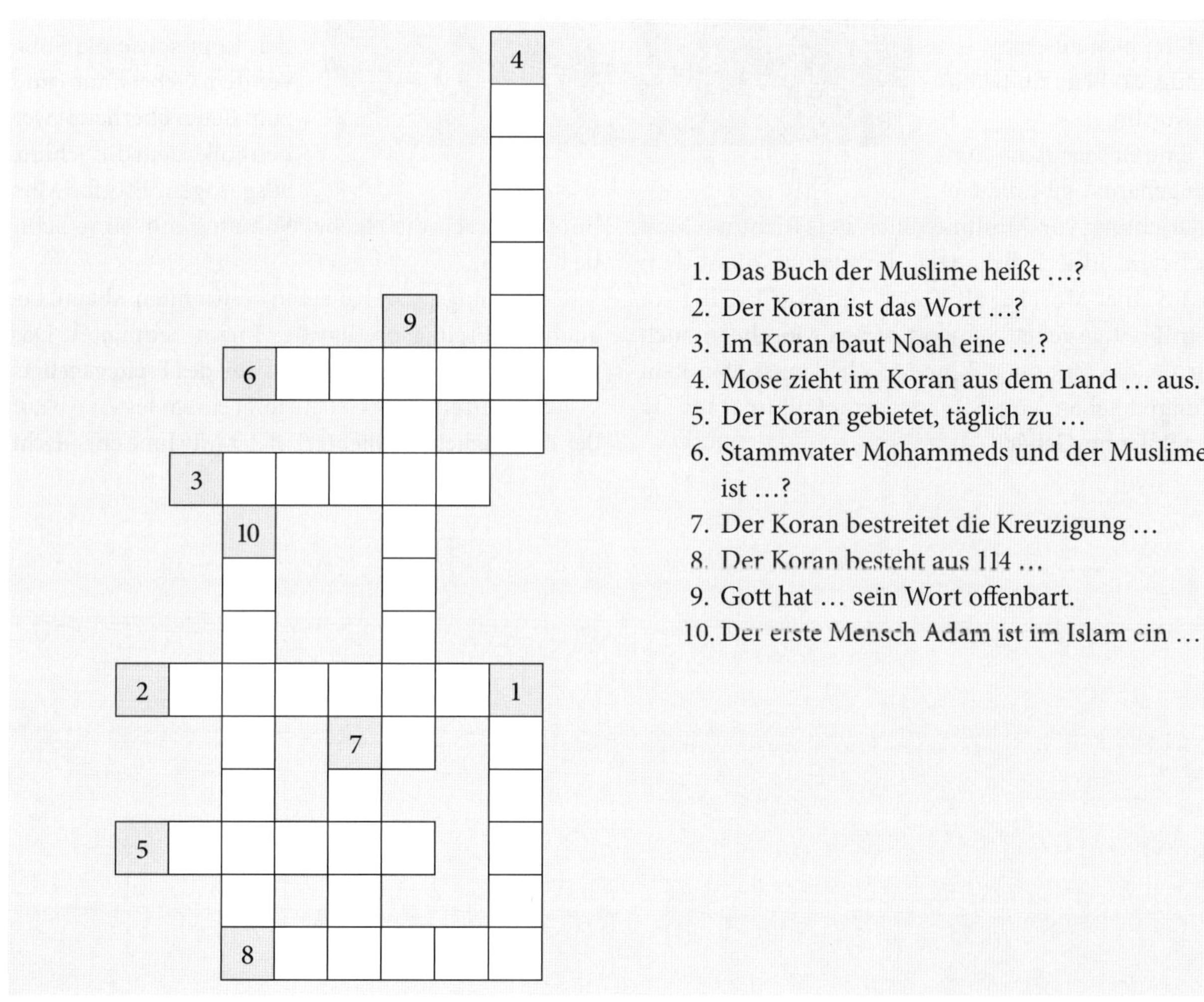

1. Das Buch der Muslime heißt ...?
2. Der Koran ist das Wort ...?
3. Im Koran baut Noah eine ...?
4. Mose zieht im Koran aus dem Land ... aus.
5. Der Koran gebietet, täglich zu ...
6. Stammvater Mohammeds und der Muslime ist ...?
7. Der Koran bestreitet die Kreuzigung ...
8. Der Koran besteht aus 114 ...
9. Gott hat ... sein Wort offenbart.
10. Der erste Mensch Adam ist im Islam ein ...

M 6 Mosscheebesuch

Die Moschee

Das Wort Moschee leitet sich von einem arabischen Wort ab, das so viel heißt wie »Ort, an dem man zum Gebet nieder fällt«. Moscheen sind keine geweihten Orte wie beispielsweise Kirchen. Moscheen sind nicht nur für das Gebet gedacht, sondern auch als Schule oder Raststätte für reisende Muslime.

Alle Moscheen bieten auf einer großen, nicht möblierten Fläche, die oft mit Teppich ausgelegt ist, genügend Platz für betende Muslime.

© fotolia/Eray

Eine Gebetsnische, *mihrab* genannt, gibt die Gebetsrichtung vor. Muslime sollen stets Richtung Mekka beten. Eine Lehrkanzel, die *minbar,* dient dem Imam einer Moschee als Kanzel für seine Predigt vor dem Freitagsgebet. Sehr oft haben Moscheen auch Türme, die *Minarette.* Eine Moschee muss aber kein Minarett haben. Vom Minarett ertönt fünfmal am Tag der Ruf zum Gebet.

Das Freitagsgebet

Ein Muslim hat die Pflicht, das Freitagsgebet zu besuchen. Dazu versammeln sich Muslime freitags um die Mittagszeit. Vor dem Beten vollziehen sie rituelle Waschungen. Dazu gibt es große *hanafiyas,* Wasserhähne. Rein wird man, indem man sich dreimal die Hände wäscht, sich dreimal mit Wasser aus der rechten Hand den Mund spült, die Nase reinigt, das Gesicht, die Arme und den Kopf sowie die Füße. Vor dem Gebetsraum und zum Beten überhaupt werden außerdem die Schuhe ausgezogen. Es gibt Muslime, die auch die eigene Wohnung nur ohne Schuhe betreten.

Das Freitagsgebet hat einen bestimmten Ablauf, der auch die Freitagspredigt des Imam beinhaltet. Das tägliche Pflichtgebet *(salat)* ist Teil des Freitagsgebets.

Jedes einzelne der Gebete folgt einem festen Ablauf, der dem täglichen Pflichtgebet der Muslime entspricht.

M 7 Das Pflichtgebet *(salat)*

Der Junge Pi beobachtete das Gebet wie folgt:

»Er stellte sich aufrecht hin. Er murmelte etwas auf Arabisch.

Er legte die Hände an die Ohren, Daumen an die Ohrläppchen, als horchte er angestrengt auf Allahs Antwort.

Er neigte sich vor. Er richtete sich auf. Er ging in die Knie und berührte mit Händen und Stirn den Boden.

Er setzte sich auf. Er verneigte sich noch einmal.

Er stand auf.

Dann begann er mit allem von vorn. […] Viermal machte er diese Übung und murmelte dabei unablässig.

Als er fertig war […], schlug er die Augen auf, lächelte, trat neben seinen Teppich und rollte ihn mit einer einzigen Handbewegung zusammen, die von langer Routine sprach. […]

›Worum geht es in eurer Religion?‹, fragte ich.

Seine Augen leuchteten. ›Es geht um Liebe.‹ Ich möchte den Menschen sehen, der den Islam, den Geist, der dahinter steckt, begreift und ihn nicht liebt. Es ist eine wunderbare Religion, voller Brüderlichkeit und Treue. Die Moschee war ein in jedem Wortsinn offener Bau, offen für Gott und für die frische Luft.«

Martel, Yann: Schiffbruch mit Tiger, Frankfurt a. M. [19]2013, S. 83–84

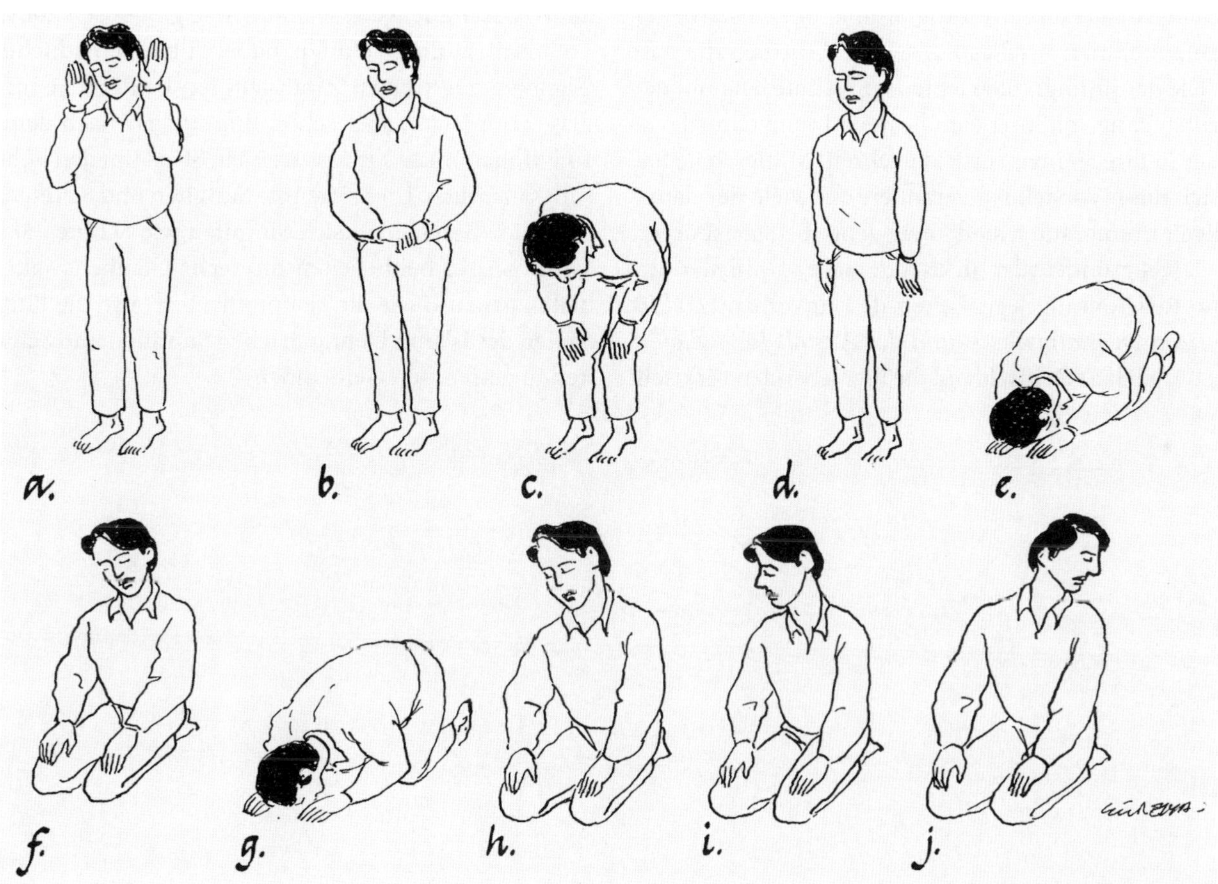

M8 Muslime in Deutschland

Info:
Sunniten und Schiiten trennen vor allem unterschiedliche Auffassungen zum Imamat, also die Frage, wer Imam werden kann und welche Autorität Imame besitzen. Abgesehen davon sind sich Sunniten und Schiiten in den zentralen Grundsatzfragen des Islam einig.

Die meisten türkischstämmigen Muslime sind *Sunniten.* Sie kamen größtenteils Anfang der Sechzigerjahre nach Deutschland und bauten sich hier eine Existenz auf. Viele von ihnen waren Arbeiter und Handwerker. Deutschland förderte Programme, um Gastarbeiter aufzunehmen, weil es zu wenige Arbeitskräfte gab. Viele der Immigranten lebten Jahrzehnte lang mit der Vorstellung, mit ihrer Familie irgendwann einmal wieder in ihre Heimat zurückzukehren. Mittlerweile hat sich diese Vorstellung verändert und viele der damaligen Immigranten sind heute deutsche Staatsbürger.

1984 gründete der türkische Staat das Ministerium für Religionsangelegenheiten, dessen Verband *DITIB (Türkisch Islamische Union der Anstalt für Religion e. V.)* auch in Deutschland die hier lebenden türkischstämmigen Bürger repräsentiert. Derzeit werden 896 Moscheegemeinden von DITIB vereint. Zum Vergleich: Es gibt in Deutschland etwa 11.500 katholische Gemeinden.

Neben *DITIB* gibt es – neben zahlreichen anderen Verbänden – auch noch die *Islamische Gemeinschaft in Deutschland,* die die arabischen Sunniten vertritt.

Schiiten leben in Deutschland vergleichsweise wenige. Insgesamt bilden Schiiten geschätzte 15 % der Muslime auf der Welt. Entsprechend weniger Schiiten leben auch hier. Aber sie werden ebenfalls durch Verbände repräsentiert, die wiederum in der *IGS (Islamische Gemeinschaft der schiitischen Gemeinden Deutschlands)* zusammengefasst sind. Diese gibt es seit 2009.

Sunniten und Schiiten haben unterschiedliche Glaubenstraditionen. Zwar gehören beide Bekenntnisse zum Islam, aber schon unmittelbar nach dem Tod Mohammeds kam es zu einem Streit um den Führungsanspruch. Dieser trennte Sunniten und Schiiten. Natürlich bezeichnen sich Sunniten wie Schiiten als Muslime: für beide gelten die sechs Glaubenswahrheiten genauso wie die Hauptpflichten (also die fünf Säulen des Islam). Dennoch leben Sunniten und Schiiten in getrennten Gemeinden.

Download des E-Book+ unter:
www.v-r.de/technik_leben_religion
Code für Download-Material:
%62ve3K#